谨以此书纪念

邓稼先院士（1924—1986）诞辰90周年

邓稼先传

Deng Jiaxian Zhuan

许鹿希　邓志典　邓志平　邓昱友 / 著

中国青年出版社

图书在版编目（CIP）数据

邓稼先传 / 许鹿希等著 . —北京：中国青年出版社，2014.11（2025.1重印）
（共和国科学拓荒者传记系列 / 伍献军主编）
ISBN 978-7-5153-2883-6

Ⅰ. 邓⋯　Ⅱ. ①许⋯　Ⅲ. ①邓稼先（1924~1986）—传记　Ⅳ. K826.16

中国版本图书馆 CIP 数据核字（2014）第 251455 号

原版责任编辑：方小玉
本版责任编辑：彭岩
书籍设计：刘凛　刘黎立
出版发行：中国青年出版社
社　　址：北京市东城区东四十二条 21 号
网　　址：www.cyp.com.cn
编辑中心：010 - 57350407
营销中心：010 - 57350370
经　　销：新华书店
印　　刷：三河市君旺印务有限公司
规　　格：710mm×1000mm　1/16
印　　张：15.5
字　　数：150 千字
插　　页：2
版　　次：2015 年 2 月北京第 1 版
印　　次：2025 年 1 月河北第 18 次印刷
定　　价：27.00 元

如有印装质量问题，请凭购书发票与质检部联系调换
联系电话：010 - 57350337

邓稼先
（代　序）

杨振宁

《人民日报》编者按：

今年7月29日，是邓稼先同志逝世7周年。著名物理学家、诺贝尔奖获得者杨振宁教授的这篇文章，是一位科学家写的科学家评传。杨先生和邓稼先同志是中学同学、大学同学，在美留学期间又是同学。他自己说是"50年的友谊，亲如兄弟"。这方面的情节，其他报刊介绍过。此文珍贵处是杨先生从科技发展史的高度，将同他有长期交往、所知甚深的中国、美国两位原子弹设计的领导人做了对比评述，既高且深，又亲切可读。从杨振宁教授的回忆文章，可以进一步了解邓稼先同志的才能、风格、思想和为人。

---

* 杨振宁著。原载：《二十一世纪》双月刊1993年六月号，总第十七期，56—62页，中国文化研究所，香港中文大学。1993年8月21日《人民日报》全文刊登，并加了编者按。

从"任人宰割"到"站起来了"

100年以前，甲午战争和八国联军的时代，恐怕是中华民族五千年历史上最黑暗最悲惨的时代。只举1898年为例：

德国强占山东胶州湾，"租借"99年。

俄国强占辽宁旅顺大连，"租借"25年。

法国强占广东广州湾，"租借"99年。

英国强占山东威海卫与香港新界。前者"租借"25年，后者"租借"99年。

那是任人宰割的时代，是有亡国灭种的危险的时代。今天，一个世纪以后，中国人站起来了。

这是千千万万人努力的结果，是许许多多可歌可泣的英雄人物创造出来的，在20世纪人类历史上可能是最重要的、影响最深远的巨大转变。

对这巨大转变做出了巨大贡献的有一位长期以来鲜为人知的科学家：邓稼先（1924—1986）。

两弹元勋

邓稼先于1924年出生在安徽省怀宁县。在北平上小学和中学以后，于1945年自昆明西南联大毕业。1948年到1950年在美国普渡大学（Purdue University）读理论物理，得到博士学位后立即乘船回国，1950年10月到中国科学院工作。1958年8月被任命带领几十个大学毕业生开始研究原子弹制造的理论。

这以后28年间，邓稼先始终站在中国原子武器设计制造和研究的第一线，领导许多学者和技术人员，成功地设计了中国的原子弹和氢弹，把中华民族国防自卫武器引导到了世界先进水平。

1964年10月16日中国爆炸了第一颗原子弹。

1967年6月17日中国爆炸了第一颗氢弹。

这些日子是中华民族五千年历史上的重要日子，是中华民族完全摆脱任人宰割时代的新生日子！

1967年以后邓稼先继续他的工作，至死不懈，对国防武器做出了许多新的巨大贡献。

1985年8月邓稼先做了切除直肠癌的手术。次年3月又做了第二次手术。在这期间他和于敏联合署名写了一份关于中华人民共和国核武器发展的建议书。1986年5月邓稼先再做了第三次手术，7月29日因全身大出血而逝世。

"鞠躬尽瘁，死而后已。"准确地描述了他的一生。

邓稼先是中华民族核武器事业的奠基人和开拓者。张爱萍将军称他为"两弹元勋"，他是当之无愧的。

邓稼先与奥本海默

抗战开始以前的一年，1936年到1937年，稼先和我在北平崇德中学同学一年。后来抗战时期在西南联大我们又是同学。

以后他在美国留学的两年期间我们曾住同屋，50年的友谊，亲如兄弟。

1949年到1966年我在普林斯顿高等学术研究所工作，前后17年的时间里所长都是物理学家奥本海默（Oppenheimer，1904—1967）。当时他是美国家喻户晓的人物，因为他曾成功地领导战时美国的原子弹制造工作。高等学术研究所是一个很小的研究所，物理教授最多的时候只有5个人，包括奥本海默，所以他和我很熟识。

奥本海默和邓稼先分别是美国和中国原子弹设计的领导人，各是两国的功臣，可是他们的性格和为人截然不同——甚至可以说他们走向了两个相反的极端。

奥本海默是一个拔尖的人物，锋芒毕露。他二十几岁的时候在德国哥廷根镇做波恩（Born，1882—1970）的研究生。波恩在他晚年所写的自传中说研究生奥本海默常常在别人做学术报告时（包括波恩做学术报告时），打断报告，走上讲台拿起粉笔说，"这可以用底下的办法做得更好……"我认识奥本海默时他已四十多岁了，已经是家喻户晓的人物了，打断别人的报告，使演讲者难堪的事仍然不时出现，不过比起以前要较少出现一些。

奥本海默的演讲十分吸引人。他善于辞令，听者往往会着迷。1964年为了庆祝他60岁的生日，三位同事和我编辑了一期《近代物理评论》，在前言中我们写道：

他的文章不可以速读。它们包容了优雅的风格和节奏。它们描述了近世科学时代人类所面临的多种复杂的问题，详尽而奥妙。

像他的文章一样，奥本海默是一个复杂的人。佩服他、仰慕他的人很多，不喜欢他的人也不少。

邓稼先则是一个最不要引人注目的人物，和他谈话几分钟就看出他是忠厚平实的人。他诚真坦白，从不骄人。他没有小心眼儿，一生喜欢"纯"字所代表的品格。在我所认识的知识分子当中，包括中国人和外国人，他是最有中国农民朴实气质的人。

我想邓稼先的气质和品格是他所以能成功地领导许许多多各阶层工作者为中华民族做了历史性贡献的原因：人们知道他没有私心，人们绝对相信他。"文革"初期他所在的研究院（九院）成立了两派群众组织，对吵对打，和当时全国其他单位一样。而邓稼先竟有能力说服两派继续工作，于1967年6月成功地制成了氢弹。

1971年，在他和他的同事们被"四人帮"批判围攻的时候，如果你和我去和工宣队军宣队讲理，恐怕要出惨案。邓稼先去了，竟能说服工宣队军宣队的队员。这是真正的奇迹。

邓稼先是中国几千年传统文化所孕育出来的有最高奉献精神的儿子。

邓稼先是中国共产党的理想党员。

我以为邓稼先如果是美国人，不可能成功地领导美国原子弹工程；奥本海默如果是中国人，也不可能成功地领导中国原子弹工程。当初选聘他们的人，钱三强和葛若夫斯（Groves），可谓真正有知人之明，而且对中国社会、美国社会各有深入的认识。

民族感情？友情？

1971年我第一次访问中华人民共和国。在北京见到阔别了22年的稼先。在那以前，于1964年中国原子弹试爆以后，美国报章上就已经再三提到稼先是此事业的重要领导人。与此同时还有一些谣言说1948年3月去了中国的寒春[1]曾参与中国原子弹工程。

1971年8月在北京我看到稼先时避免问他的工作地点，他自己说"在外地工作"。我就没有再问。但我曾问他，是不是寒春曾参加中国原子弹工作，像美国谣言所说的那样。他说他觉得没有，他会再去证实一下，然后告诉我。

1971年8月16日，在我离开上海经巴黎回美国的前夕，上海市领导人在上海大厦请我吃饭。席中有人送了一封信给我，

---

[1] 寒春（中文名字，原名Joan Hinton）曾于20世纪40年代初在洛斯阿拉姆斯（Los Alamos）武器试验室做费米（Fermi）的助手，参加了美国原子弹的制造，那时她是年轻的研究生。

是稼先写的,说他已证实了,中国原子武器工程中除了最早于1959年年底以前曾得到苏联的极少"援助"以外,没有任何外国人参加。

此封短短的信给了我极大的感情震荡。一时热泪满眶,不得不起身去洗手间整容。事后我追想为什么会有那样大的感情震荡:为了民族的自豪?为了稼先而感到骄傲?

——我始终想不清楚。

我不能走

青海、新疆,神秘的古罗布泊,马革裹尸的战场。不知道稼先有没有想起我们在昆明时一起背诵的《吊古战场》文:

> 浩浩乎!平沙无垠,敻(xiòng)不见人。河水萦带,群山纠纷。黯兮惨悴,风悲日曛。蓬断草枯,凛若霜晨。鸟飞不下,兽铤亡群。亭长告余曰:"此古战场也!常覆三军。往往鬼哭,天阴则闻!"……

稼先在蓬断草枯的沙漠中埋葬同事、埋葬下属的时候不知是什么心情?

"粗估"参数的时候,要有物理直觉;筹划昼夜不断的计算时,要有数学见地;决定方案时,要有勇进的胆识,又要有稳健的判断。可是理论是否够准确永远是一个问题。不知稼先在关键性的方案上签字的时候,手有没有颤抖?

戈壁滩上常常风沙呼啸,气温往往在零下30多摄氏度。核武器试验时大大小小的临时的问题必层出不穷。稼先虽有"福将"之称,意外总是不能免的。1982年,他做了核武器研究院院长以后,一次井下突然有一个信号测不到了,大家十分焦虑,人们劝他回去。他只说了一句话:我不能走。

假如有一天哪位导演要摄制《邓稼先传》,我要向他建议背景音乐采用五四时代的一首歌,我儿时从父亲口中学到的:

> 中国男儿、中国男儿,
> 要将只手撑天空。
> 长江、大河,亚洲之东,峨峨昆仑,
> 古今多少奇丈夫,
> 碎首黄尘,燕然勒功,至今热血犹殷红。

我父亲诞生于1896年,那是中华民族仍陷于任人宰割的时代。他一生都喜欢这首歌曲。

永恒的骄傲

稼先逝世以后,在我写给他夫人许鹿希的电报与书信中有

下面几段话：[1]

　　稼先为人忠诚纯正，是我最敬爱的挚友。他的无私的精神与巨大的贡献是你的也是我的永恒的骄傲。

　　稼先去世的消息使我想起了他和我半个世纪的友情。我知道我将永远珍惜这些记忆。希望你在此沉痛的日子里多从长远的历史角度去看稼先和你的一生，只有真正永恒的才是有价值的。

　　邓稼先的一生是有方向、有意识地前进的。没有彷徨，没有矛盾。

　　是的，如果稼先再次选择他的途径的话，他仍会走他已走过的道路。这是他的性格与品质。能这样估价自己一生的人不多，我们应为稼先庆幸！

---

[1] 为了更真切地表达情谊，这四段话从许鹿希收到的杨振宁先生的信件中选出，刊印在文后，作为长久的纪念，也作为代序的结尾。杨振宁先生亲笔所写的四段手迹附文后。

稼先为人忠诚纯正是我最敬爱的至友他的无私的精神与巨大的贡献是你的也是我的永恒的骄傲 杨振宁

—— 邓稼先的一生是有方向的有意识地前进的。没有彷徨，没有矛盾。

今天看起来，这些确实都是对稼先的中肯的评价。

振宁
89年3月8日

—— 是的，如果稼先再次选择他的途径的话他仍会走他已走过的道路，这是他的性格与品质。能这样估价自己一生的人不多，我们应为稼先庆幸！

振宁 86年9月23日

—— 稼先去世的消息使我想起了他和我半个世纪的友情，我知道我将永远珍惜这些记忆。

希望你在此沉痛的日子里多从长远的历史角度去看稼先和你的一生，只有真正永恒的才是有价值的。

振宁
86年8月15日

杨振宁先生致许鹿希信件中的四段手迹原件

目 录

第一章　　出生在铁砚山房　/1

第二章　　北平陷落　/9

第三章　　在西南联大和北京大学　/18

第四章　　留学在普渡　/32

第五章　　八年时间探索科学的奥秘　/43

第六章　　1958年8月——人生的转折点　/51

第七章　　从头做起　/62

第八章　　中国原子弹理论设计的总负责人　/66

第九章　　出色的核武器研制工作领导人　/84

第十章　　零时之前的煎熬　/95

第十一章　新中国的第一颗原子弹　/107

第十二章　再接再厉攻克氢弹　/ 123

第十三章　二代轻舟立新功　/ 141

第十四章　故地重寻　/ 149

第十五章　生命的最后一段时光　/ 153

第十六章　不尽的思念　/ 190

第十七章　一份建议影响深远　/ 209

附　录　邓稼先年表　/ 220

第一章
出生在铁砚山房

在安徽省怀宁县白麟坂，这个蝉噪林静、鸟鸣山幽的南方农村里，两百多年前建有邓石如的宅第。这位被推崇为清代篆刻、书法第一人的大家，又因友人赠其四方铁砚，遂以此为自己的书斋名，这所大院从此便叫作铁砚山房了。1924年6月25日，邓石如的六世孙，中国"两弹"元勋邓稼先便诞生在这座铁砚山房里。

怀宁的铁砚山房，邓稼先完全没有印象，他8个月被抱到北京来的时候，父亲邓以蛰（1892—1973，字叔存）早已学成归国，任清华大学、北京大学的教授了。全家先是住在北长安街中山公园后门附近，后又搬家，此时他们已住在了丰盛胡同北沟沿甲12号。

安徽怀宁县城外白麟坂的铁砚山房,1924年6月25日,邓稼先诞生在此

铁砚山房牌匾

北沟沿甲12号是一座大门朝西的四合院平房，剥落的漆柱表明这里不是权贵之家。房子本身并不考究，但是院子宽敞。前院有一棵古老的龙爪槐，它给院里带来安静与闲逸的气氛。后院还有一株丁香。槐树下的阴凉和丁香旁边的静雅，对年幼的邓稼先有很大的魅力。

邓稼先小时候格外喜欢丁香。每到夏天，树上挂着淡紫色的丁香花，清香宜人，与邓家的生活格调相偕成趣。几十年后，他仍喜欢到颐和园后山上那一条长有许多丁香花的小径上走一走。

前院南房三间没有隔断，显得很宽敞，它是家里的客厅。后院正中的北屋，便是父亲的书房。正堂上方，悬挂着"松风水月"四个大字，这是一直没有换过的横幅。长久悬挂着它，并不因为它是明末崇祯皇帝的御笔，而是因"松风水月"这四个字恰与邓以蛰教授的性情相吻合。老先生有很强的爱国心和事业心，轻于功名利禄，一生都去追求"松风水月"所代表的恬淡自适的境界。这是他个人的性格，于研究学问和认真做事并无妨碍。

邓稼先5岁开始上小学，在离家很近的北平西城武定侯胡同小学读一年级。课余，父亲又命他去私塾陆老先生的家馆中借读，特请私塾王老先生教小孩子们读《左传》《论语》《诗经》《尔雅》等。因此，邓稼先常常在父亲书房里站在比他高得多的大铁火炉跟前背诵《左传》《论语》等古书。一次，父亲的挚友张奚若教授来访，正碰上邓稼先穿着一件齐地长袍站

邓稼先5岁上小学时

在那里背书。张先生觉得奇怪,便顺口问道:"叔存兄,现在是什么时候了,你还让孩子背这些东西?"张先生是学政治的,思想能紧跟时代的潮流,遇事必有自己鲜明的观点和态度。这时已是20世纪30年代初期了,所以他见到这位受过欧美文化熏陶的好友居然让孩子背诵《诗经》《尔雅》,就有些不以为然。但是作为艺术家的邓以蛰教授却另有他自己的眼光。他带着相当浓重的安徽口音笑着说:"嗨,我不过是要让小孩子知道一下我们中国文化里都有些什么东西,这有好处。"

学贯中西的父亲不仅要邓稼先读中国的四书五经,同时也要他读外国的文学名著。在上小学时,邓稼先就读了莫泊桑、屠格涅夫、陀思妥耶夫斯基等名家写的小说。即便如此还嫌不足，又让他和别人家的孩子跟从王老先生学习国文。父亲对邓稼先的英文学习要求也很严格，亲自当启蒙老师，指点正确的学习方法，给他打下了良好的基础。

邓以蛰教授如此严格地对待孩子们的学习，却并不用孔孟伦常的严规厉矩来束缚孩子们的心性。他在国外给夫人的信中曾经写道："我们是小孩子的亲爱的父母，并不是他们的阎王。"这自是与老先生受西方文化影响有极大的关系。他从外国文化中汲取了精华，用于家教。邓夫人王淑蠲女士，性情原本就温和善良，一天到晚总是为孩子们操心，她脑子里没有要对孩子们严加管束的想法。父母从两种不同的观念出发，达到殊途同归的效果。家里几个性格不同的孩子就像一棵棵未经修剪的松柏自由自在地长大而各呈异态。

童年时的邓稼先，是一个长得有点瘦弱但很俊的孩子。当时父亲除在清华大学哲学系任教授之外还兼着北京大学哲学系主任，收入是很好的。家里不仅生活相当优裕，而且邓老先生还能有一些余钱来买他喜爱的字画和文物。但由于母亲是小康人家里长大的女子，操持家务素以勤俭为本，即使家里再富有一些，这个家庭的生活也不会走上挥霍的道路。家里当时除了对生着肺病的父亲在生活上给一些特殊照顾之外，孩子们的伙食并不算好。邓稼先每天上学，就到街上买点枣糕锅饼之类的食物，边走边吃，算是"早点"。其实以那时的家境，早晨给孩子们添一个鸡蛋，甚至加上一杯牛奶，并不难办到。

母亲持家的节俭，使孩子们贴近了贫苦市民的生活，不论贫富，他们弟兄和邻居的孩子们都能玩在一起。孩子们能说标准的市民语言，把火柴叫"取灯"，把油条叫"果子"。邓稼先在童年时代，就没有书香世家与劳动人民之间的心理隔阂。他后来与工农和一般同事之间相处那样随和，平易近人，这可能与他儿时的生活有关。

邓稼先小时候放风筝、抖空竹，在同学中技高一筹。一般的空竹不过瘾了，就找带把的茶壶、茶碗盖来玩。什么奇形怪状的东西都难不倒他。玩耍是表现一个人性格的容易被别人忽略的方面。在这里有时能清楚地看出一个人的才能。他还非常喜欢弹玻璃球。弹球要算好角度，指法要熟巧。爱弹玻璃球的孩子，也都爱积攒玻璃球。要是得到一两个嵌着五颜六色心柱的弹球，那真是心爱之极。这种美的欣赏，在当时是唯一能够打动他的情感的。邓稼先不爱打扮，但是爱美，所有漂亮的东西，他都爱不释手。漂亮的球，他必妥善保存，当然有时也要拿出来在小伙伴面前炫耀一番。当一个人沉迷到一种游戏中去的时候，往往不能顾及其他。到了天完全黑下来，这一帮小球迷才不得不各自回家。在灯下，母亲一边用小毛刷子替他洗手，一边骂着："你这一双黑爪子，真该用菜刀把它剁掉。"邓稼先默默地听着，母亲嘴里不停地骂，手却在不停地洗，他明白，母亲心疼他。

邓稼先的淘气并没有因为母亲的训斥而改变。这淘气是天生的，也是父母开明教育所养成的。有一次，家里人带他去珠

父母合影(1959年摄于北京大学朗润园。邓以蛰,父,1892.1.9—1973.5.2;王淑蠲,母,1894—1964.10.26)

市口剧场听杨小楼的《水帘洞》。当时像他那样五六岁的孩子是可以作为大人的"附庸"带进戏园子而不用买票的。没有票就没有座位。这个穿着长袍的小大人,绝不会安生地偎依在大人身边。他自作主张一个人跑到台前,两手托着下颏看得出了神。猴王一个跟斗,使他乐开了怀,忘乎所以,不小心把前排看客面前桌上的瓷茶壶一胳膊拐到了地上。清脆的响声惊动四座,凝神的邓稼先被这一声脆响搅得慌了神,邓稼先最后还是免不了被母亲训斥一顿。这样的教训,一夜过后他就完全忘记了。

在读书之余的空暇时间,他依然是随心所欲。有时候别的东西玩腻了,他就喜欢用双手吊在门框上,身子来回摆动,享受着打秋千所特有的乐趣。他能够由慢到快,再由快到慢地悠出一种节奏来,有时甚至靠着双腿凭空蹬踹和腹肌的收缩来实现变奏。这还不够,每每在悠摆中见到有熟识的人来,他总要边打秋千边报来客的姓名。一次恰巧就遇上了许德珩教授和夫人劳君展来访。这个活泼的孩子给许夫人留下了深刻的印象。而她自然不会知道，这个顽童日后竟会是她的女婿。

淘气和不守规矩常常是连在一起的，童年的邓稼先却是一个例外。直到几十年后，父母、亲友还弄不大明白，为什么一个顽皮到家的孩子，竟同时又是一个憨厚甚至有时还受到同学欺负的孩子。有一天晚上，天已经擦黑了，仍不见邓稼先回来。母亲心里不免犯嘀咕，便叫大姐邓仲先到学校去看看。当时稼先在武定侯小学读二年级，学校离家不远。待仲先到学校时，学生们早已放学走光了，但见邓稼先一个人规规矩矩地面对砖墙站着。原来是他和同学们玩耍时把窗玻璃打碎了，被老师处以罚站，直到大姐付了玻璃赔款后才把他领回家来。

邓稼先淘气，但绝不耍滑，和同学们在一起有一种傻乎乎的诚恳态度。他是一个心地善良的人，所以他能有许多好朋友。但他的憨厚和遵守规矩，有的同学却不以为然。有时候，他们给他出主意，他不听，有人就给他起了一个带着贬义的外号，叫作"二百五"。年幼的邓稼先对此毫不介意，他能品得出好友讥讽中所包含的纯真友情和规劝之意。有一次母亲到学校找他有事，一个和他要好的同学，当着他的面，连跑带推地轻声对其他同学说："快躲开，快躲开，五百来了，五百来了！"他听后也忍不住哈哈大笑。

第二章
北平陷落

1929年邓稼先5岁时开始上学，先在武定侯小学，四年级时改上四存小学。学校不算好，但都为的是离家近，远了妈妈不放心。1935年，他考入志成中学念了一年书，到初二又转到崇德中学。崇德是一所教会学校，注重英文。邓稼先的英文童年时就得益于父亲的教导，入了崇德之后可以说是百尺竿头更进一步。在数学、物理方面，又得到比他高两班的同学杨振宁的帮助。这就引起了他对理科的兴趣，尤其喜欢数学。父亲为此专请了师大附中的李老师到家里来给他补课，给他一个在数学上起跳的机会，看看能不能拔尖。一个时期，邓稼先对数学着了迷，每天晚上做题做到深夜。第二天早晨，他的数学习题草稿纸横七竖八地飞满一地，总是由细心的母亲一张一张地替他

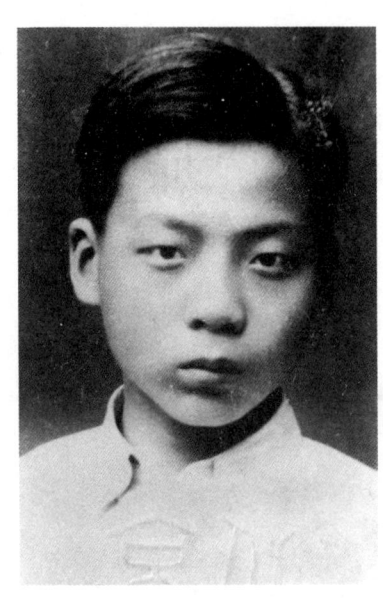

邓稼先在北平读初中时

捡起来，整理好。

　　中学时代的邓稼先照样喜欢玩耍，但已经不是一个顽童。他开始读鲁迅的书，读更多的外国小说。尽管年纪不大，他对书中一些做人的道理已经有了自己的理解。他对警句有了选择，他常常对弟弟邓槜先说："屠格涅夫的《罗婷》里有一句话说'不要做言语的巨人，行动的矮子'，这句话说得真好。"当时不大明白这意思的弟弟，在花甲之年仍然记得哥哥说这话时的情景。邓稼先的思想开始走向成熟。

　　就在邓稼先的人生观刚刚萌芽，对人生和社会开始有自己的认识的时候，碰上了1937年震惊中外的"七七"事变。日寇的入侵打乱了他平静的读书生活，强烈的民族屈辱感刺伤了他少年纯洁的心灵。这以后，除读书之外，他开始和一些同学聚会，谈论国家的命运和前途。

1937年以后日军统治下的北平，中国百姓受尽了屈辱。日本军部规定，凡是中国老百姓从日本哨兵面前走过，都要向其鞠躬行礼。如果这样做，中国人的民族尊严不就被一扫而光了吗？血气方刚的邓稼先，对此怒火满腔。他宁肯绕道走很多冤枉路，也不去干这种事情。他有自己的人格，而人的尊严绝不能让别人任意玷污。

从此以后，年轻的邓稼先在两条道路上迅跑，一方面仇恨日寇，热爱中华，关心社会；另一方面认真读书，刻苦用功，成绩在班上名列前茅。总之，他已由一个不懂事的顽童，变成一个有抱负的青年人了。

邓稼先时常去旧书摊，寻找那些被伪官方禁读的书籍。在那种思想禁锢得使人气闷的环境里，得到这些进步的书籍犹如获得了一扇可以打开的窗户，他能从这里吸到充足的氧气。平时他到旧书摊转得很勤，以至有的小书摊主每当看见这位穿着长袍的瘦高个子青年似乎是漫不经心地向这边走过来时，便赶紧把藏在下面的书准备好。邓稼先会在摊前装模作样地随手翻书，书摊的主人便轻声说："小兄弟，今天有你的书。"他会向摊主挤挤眼，满意地微笑。这位精神饥渴的少年好似又得到了一袋粮食。

读中学时的邓稼先，学习成绩提高很快，一半是因为他已经长大，开始懂事；另一面也是因为他生活在那种沉重的民族压迫的环境里，觉得要救我们这个国家，必须有知识、有本领。这也许在当时他的脑海里是一种比较朦胧的意识，但它毕竟存在。

邓稼先读到高中一年级就已经能看外文小说，尽管还有些吃力，但他非常高兴。他读的书籍越多，思想就越活跃，常常去思考人生和社会问题。他和一群思想激进的同学一起聚会，议论天下大事，相互影响，彼此激励，他们的思想越发成熟。对于他们，环境窒息所带来的苦闷几乎到了忍无可忍的地步。

邓以蛰教授自然对此看得很清楚，他为孩子有这样的思想和骨气而感到欣慰，但也有一种担心。母亲虽然谈不上有多大学问，可是心也很灵巧，见到邓稼先和一些同学来来去去聚会，她凭直觉就感到会出什么事似的，整天心里嘀嘀咕咕的。她信佛，在烧香的时候，不免暗中祈祷，盼着家里平安无事。

可是，父母担心的事终于发生了。那时候，日军每占领我国一个城市，总要逼着市民和学生开会游行庆祝他们的胜利。这是最激怒中国老百姓的时候。我们的城市沦陷了，还要我们去庆祝，这犹如我们挨了打，还要我们去向打人的人道谢一样。对此，人们敢怒而不敢言，而民族仇恨总是因此与日俱增。有一次又开这样的会了，在会后，邓稼先胸中的一腔仇恨怒火般升腾，他三把两把就把手里的纸旗扯碎，还不解气，他又把撕碎的旗子扔在地上狠狠地踩了一脚。狗腿子发现有人扔小旗子，学生们立时一哄而散，坏蛋没能看清谁扔的。这时邓稼先已重新回到志成中学念高三，因为崇德在他念完高中二年级时停办了。

事情终于被人向志成中学校长提了出来。校长敷衍说："我们学校的学生决不会干这样的事。"就这样把事情搪塞过去了。校长是邓教授的朋友，后来他知道是邓稼先干的，便来到了北沟沿邓宅。校长说："邓先生，邓稼先的事早晚会被人密报的，这样下去怕是太危险了，想个办法赶快让他走吧！"

形势到了这一步，已经没有别的办法可想，家里只好让大姐邓仲先带着稼先到大后方昆明去。那里有南迁的北大、清华、南开合成的大学和许多老朋友。从北平到昆明，千里迢迢，而且还要绕道异国他乡，父母当然是十分犹豫的。但是这时候邓仲先已经大学毕业，人又很能干，加上有另外两位教授的太太和孩子同行，事情就这样决定了。

邓稼先很重感情。大凡是天真、纯粹的人，几乎都是重感情的。当邓稼先真的要逃离这个使人窒息的牢笼时，在他的兴奋中，隐存着依依惜别之情。他舍不得父亲和母亲，舍不得三姐茂先和毛弟槜先，他又非常舍不得这块将他哺育成人的故园——古老的北平。在临离开北平前两天的晚上，他非要骑自行车驮着10岁的弟弟槜先出去玩玩。其实，这是邓稼先在向北平告别。他们绕过东四牌楼、景山、故宫、北海、西四……景山上没有灯，借着月光他能看见煤山的身影。他在故宫紧闭的大门前，突然感到了故宫建筑的雄伟气势。他有些奇怪怎么过去没有注意到呢？在恋恋不舍中他强烈地感到了北平诱人的魅力。有许多的美，似乎在此时才发现它。一路上，稼先心潮起

1934年摄于北平,姐弟四人合影。右起:邓稼先、邓槜先、邓茂先、邓仲先

伏,有时难以自持。但和他在一起的10岁小弟,还体会不了大哥的心情,竟然几次伏在自行车上睡着了。

　　行期到了,这是难熬的时刻。一家六口人,心里各是各的滋味。晚饭很丰盛,但谁都吃得不多。父母亲对姐弟二人有许多叮嘱,到后来那些话都忘记了,只有一句话邓稼先是记得牢牢的。父亲坐在一把老式木椅子上,以从未有过的眼光看着稼先,似乎心里有什么特别的事,一时说不出来。邓稼先经不住这种情感的撞击,他缓缓地把目光移到了墙上挂的《完白山人放鹤图》上。一会儿,邓以蛰先生终于开口了,语调很平和、坚决。他说："稼儿,以后你一定要学科学,不要像我这样,不要学文。学科学对国家有用。"父亲是凭着个人的生活经验,表达了自己的爱国愿望。他也并不是什么"科学救国论者"。但这几句普通的话,是和邓稼先心中的潜在意识相合拍的,所以,他一下子就印在脑子里了。

母亲和大姐、三姐在屋里哭泣,搅人心碎的哭泣声一阵阵传了过来。邓稼先和小弟站在院子门口,他在最使人动感情的时候反而很冷静。他深沉地对㮋先说："毛弟,现在我只有仇恨,没有眼泪。"这是一位16岁的少年在离家前留给弟弟的话,它充满了对民族压迫的反抗之情,掷地有声。年轻的邓稼先,已经被环境逼得早熟,成为一名爱国主义者,而这将作为一条主线决定他一生的道路。

在1940年的春末夏初,他们姐弟二人随汤、熊两位教授的夫人和孩子乘船南下,第一站是上海。邓家姐弟住在父亲的老朋友胡适家里,当时胡先生不在家,胡伯母也是安徽人,对他们十分热情,关照备至。不久,他们又结伴乘船南行经香港到越南海防。

当时香港是英国管辖下的殖民地城市。这里有很多新奇的东西是邓稼先从来没有见过的。两层高的公共汽车像楼房一样,到站稍停让乘客迅速上下。环境的变化能够开阔视野、活跃思想,这是他在大学回忆这一段生活时才理解到的。他在香港还看到衣衫褴褛的背米劳工,扛着很大的麻包,吃力地蹬踩着跳板上船。而他们自己只能用碎米煮饭,也没有什么菜吃。

一天傍晚，大姐带他到码头上闲逛，又遇到一些劳工在吃饭。稼先伏在一排栏杆上，痴痴地看着眼前的这一切。他待了很久很久，其实他已经走神了。他在想，为什么洋轮上的人那么富有，而这些苦力如此穷困。

他们的船在香港靠码头卸货四天之后，又向南开到了越南海防，这里是法国的殖民地。海防街道两旁的商店有很宽的廊子，这是上层楼房延伸出来形成的，多雨的南国为了顾客的方便大都这样做。海防街面上虽有很多商店，但橱窗里和货架上商品很少。海防过境处的检查站口，立着耀武扬威的法国警察。过境时，法警随便拿走客人的财物，越南人备受欺压。前边一位老年妇女的一只暖水壶被扣下了。老人穿着破旧的湘云纱上衣，灰色的裤子，身边带了一个小女孩，脸上显现说不出的委屈。她用邓稼先听不懂的越南话连比带划说着，似乎是在求情。警察横眉瞪眼一手将她推搡过去，继续他的检查。这种细节，很快地触发了邓稼先的联想：北平、香港、海防这些被别人强占了的地方，怎么到处是些蛮横不讲理的事呢？经过海防，再到河内，走通往老街的那条路，再进入中国国境，终于到了昆明，这已是1940年盛夏。昆明也有很多好中学。但临离开北平时父亲说过："去了要上九中，老四管得严。"老四就是邓稼先的四叔邓季宣，法国留学生，当时在四川江津国立第九中学任校长。大姐遵照父命，到昆明后不久，就把邓稼先送到四川江津。他插班入高三，于1941年7月在国立九中高中毕业。

在1940年抗日战争时期，国立江津九中除了校本部外，高中和初中部各有三个分校，因陋就简，利用散处在乡间各地的祠堂做校舍，一个泥巴墙茅草顶木门窗的祠堂算是一个分校，分散在六处。邓稼先就在高中一分校，插班读高三，是九中第五届毕业生。

中学毕业后，邓稼先到重庆去考大学。一天，他走在临江的山路上，正遇到日军飞机轰炸。他眼见一颗颗炸弹落到对岸的屋群里，房屋塌作一堆，大火升腾，浓烟滚滚。头顶上呼啸而过的敌机，像是一头头发疯的野兽。地面上没有任何还击或抵抗，任其肆虐。而他和路人都面对大江，将自己的身体紧紧地贴着山石，等待着眼前这场惨祸结束。忽然，一颗炸弹在离他们很近的江面炸开。如果再偏过来一点，他们就都完了。

他终于明白，大后方竟是这样的不安全。一个弱国，备受欺凌，是没有平安日子可言的。

第三章

在西南联大和北京大学

1941年秋，邓稼先上西南联大物理系。学号是A4795。国立西南联合大学是原来的北京、清华和南开三所大学在1935年南迁后合并办起来的一所学校。由于名教授聚集，因而是当时的最高学府。校舍简陋，分散在昆明市的好几个地方。

西南联大物理系的师资力量很强。其中有参加测得普朗克常数的叶企孙，为证实康普顿效应做出贡献的吴有训，对安德森证实正电子存在有过帮助的赵忠尧。教授中还有饶毓泰、周培源、吴大猷、王竹溪、张文裕等许多知名学者。除了众多的名师指点之外，邓稼先还有一个得天独厚的优越条件，那就是他的大姐夫、知名教授郑华炽当时正好也在联大物理系执教，并于1944年初接任物理系主任。郑华炽教授与吴大猷合作测试拉曼效应的工作,曾经受到哥本哈根学派创始人玻尔的赞赏。邓稼先有了这样一位教授姐夫的经常指导,从中获益良多。此外,在崇德中学时的好友杨振宁也是联大物理系学生,比邓稼先高三班,在学习上常帮助他。

西南联大不仅名师荟萃,而且对学生的学习要求十分严格,就连阿拉伯数字的斜度多少都有要求,那真是一丝不苟的。名师严教使这所学府培养出了一批又一批杰出的人才。联大校歌歌词中有"绝徼移栽桢干质"(意思是说在边塞城市培育栋梁之材)以及"千秋耻,终当雪;中兴业,须人杰"句,可说是十分中肯的。

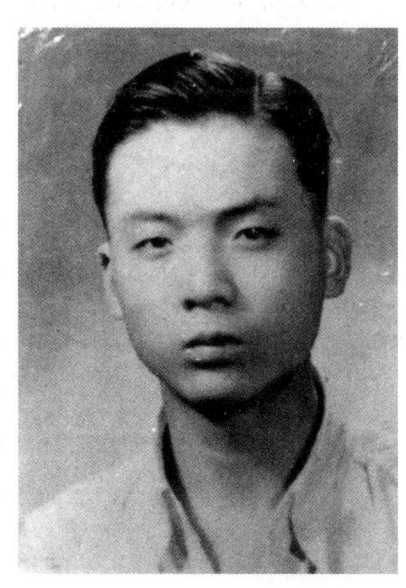

邓稼先17岁高三毕业考大学时。1941年摄于四川江津国立第九中学

国立西南联合大学（1938-1945年）。摄于云南昆明

如果说当时教授们的生活是清贫的话，学生的生活简直就是穷苦不堪了。土墙茅草顶的学生宿舍跟临时工棚没有什么区别。房间很大，又透风又进雨，每一大间屋子住40个人。这种环境对于静心读书的莘莘学子来说实在像是一座意志的烤炉。学生一律睡双层木板床，两床之间有一个长条桌，桌子下面有一块板子可以放东西。有些特别穷的学生到12月份还只穿着一条单裤。偶尔下雪，他们便用被子裹着腿坐在床上看书。宿舍里只有油灯，点一根灯草。教室和图书馆才有电灯。夏天，屋内热气蒸腾，他们穿着背心和短裤，把脚蜷缩到床底下，脚背挨着从潮湿的泥土地长出来的小草，就这样专心地做功课。那时候的大学生大约有三分之一的人终日过着"读书以外无生

活"的生活。但是邓稼先还算幸运，他有大姐的照顾，可以看看电影，还有他自己仍是那么爱玩。

伙食在开始时还可以吃饱，后来物价猛涨，与战前相比，达百分之三千万，民不聊生。食堂平价米里的沙子很多，同学们有时从饭碗里挑出大点的沙子，互相打闹着玩。盛饭时第一碗只盛半碗，赶忙吃完再去盛第二大碗，这样才能饱。若第一碗盛满了，去盛第二碗时，就没有饭了。学校做饭的地方是一排平房，谈不上什么卫生条件。学生们就在图书馆旁边的两个大棚子里吃饭。如果刮起风来，沙子饭上又浇上一层"胡椒面"，同学就戏称这是"八宝饭"了。每月两次打牙祭（改善生活）的时间，是学生们在前几天就常常躁动于心的提神剂。

教室的房顶多是铁板做的，每逢下雨，顶上就响起了叮叮咚咚如打小鼓似的声音。急雨骤来的时候，犹如重锤打铁，老师讲课的声音就完全听不见了。这是老天爷下的停课令，每逢此时，学生便自己看桌上的书，或者看窗外的雨。教室里没有课桌，只有带扶手的椅子。抗日战争期间敌机经常轰炸昆明，空袭警报一解除，同学们马上都回来上课。在这种恶劣环境里，居然培养出一批又一批出类拔萃的人才、中华民族的脊梁。事隔50年后，在舒适的物质生活环境中长大的青年人可能感到很奇怪。其实，只要一个人有志气，物质生活环境就在其次了。人们在精神生活充实的时候，物质方面的困苦就算不得什么。另外，重要的是好的老师和校风。这个道理，20世纪30年代初，梅贻琦先生在清华大学任校长时曾向全体师生讲过：

"所谓大学者，非有大楼之谓也，有大师之谓也。"

邓稼先在联大的头几年，住在学生宿舍里，他那时埋头用功的劲头，比高中时期更胜一筹。当时要借到一本好书很不容易，他有一次借到了一本难得的书，为了不耽误别人阅读，他将全书重要的地方一字不漏地誊抄下来。他还和同学一起背牛津英文字典，硬背、硬记，为了把功课学得扎实些，他肯用笨功夫。他还和杨振宁在联大借用的昆华中学校舍东墙根底下的树旁一起念古诗，他们一个人拿书对照着看，另一个人在背诵，这两个好友愿意将自己的情致经由古诗来陶冶。一首好的中国古典诗歌就像一道缓缓无声的细流，天长日久会将自己性情中未经雕琢过的粗糙纹面冲刷得越来越润滑，而自己也从中得到美的享受。

邓稼先在学习探讨中非常大胆。一次，赵淞副教授讲数学，让同学们提问，一般同学在众人面前答题都会有些发怵，而一向腼腆的邓稼先没有任何顾忌就站起来提问题了。赵副教授反问："什么叫微积分？"邓稼先答："是曲线下的面积。"赵老师又问："三个苹果加五个苹果等于多少？"大家莫名其妙，稼先只好答："等于八个苹果。"赵副教授说："问小孩子三加五等于几，他可能说不清，但问三个苹果加五个苹果，小孩一定会回答清楚。积分以曲线下的面积作例说明，也是如此。积分一般说来是一些数之和。"大家才恍然大悟，对微积分的数学概念理解更深了。

对邓稼先不甚了解的同学以为他很胆小，其实，他们哪里知道，素来腼腆的邓稼先的个性中自幼就有大胆和敢于冒险的一面。早在北平读小学的时候，有一年冬天，他们几个同学去北海玩。就在现在的北海桥那里，当时东西各有一座牌楼，一边的牌楼上刻着"金鳌"，另一边牌楼上刻着"玉㹯"。桥下是厚厚的冰层，冰上凿出一条宽沟，隔着北海和中南海，为的是挡住行人穿行。直到沟前，孩子们互相鼓动着："谁敢跳过去，谁敢？"大家光嚷嚷，可没有人动作。突然，一个孩子猛地一个箭步，扑通一声掉到冰水里了。孩子被人们从水中捞上来，浑身打着哆嗦。他，就是同学们认为非常老实而又胆小的邓稼先。信佛的母亲第二天专程去那里烧香磕头，感谢神灵的保佑。

尽管邓稼先对功课抓得很紧，但是对低年级的同学，他总是热情帮助，毫不吝惜自己的宝贵时间。一次，新生中来了一个叫吴鸣锵的同学，说一口北平话，一下子勾起邓稼先的乡情。北平不仅是稼先从小长大的地方，而且至今还有自己的双亲和三姐、小弟生活在那里。北平现在究竟情况怎样了呢？他抓住吴鸣锵没完没了地问起来。小吴有问必答，有的话使他担心，有的话给他安慰。从此，他和吴鸣锵成了要好的朋友。他反复叮嘱小吴要多看数学参考书，他俩常常沿着联大门前的林荫路散步，边走边给小吴讲碰撞、虹吸等物理概念，一遛弯就是一两个小时，直到很晚。

在西南联大的校园里，只要国民政府不强行扣发，《新华日报》是每天照例要张贴出来的。一有重要消息，报架前总是被人们围得水泄不通。平时,《新华日报》上也常刊有政府官员贪污腐败的消息,同学们的私下议论中,这类消息就更多了。1943年以后,美军也开到了昆明,国民党政府征调了许多学生去给美军当翻译。渐渐地,街上小贩卖起了各种美军吃的和穿的军用物资。那个时候没有民主,不讲法制,抓人不经过审判就可以枪毙。有的地方甚至连《黄河大合唱》这样的抗日歌曲都不准唱。在"皖南事变"后,共产党的活动在联大曾经一度相当隐蔽,但在1944年以后,随着群情激愤,又开始活跃起来。同学们的议论越来越多了,尤其对那些国民党政府中发国难财的官员,老百姓实在是恨之入骨。同学们常常三五成群,在晚饭后围着学校溜达半个小时,谈论时局,谈论爱国青年应当走什么道路。在闲谈中有时也夹着解放区百姓过着民主、平等生活和经济建设的消息。抗日战争的最后阶段,昆明大学生中的思想,进入了一个政治上的活跃时期,许多过去埋头读书的学生,开始关心起政治来了。

邓稼先和那些纯粹埋头读书的同学不一样,他一方面刻苦学习,充实自己的大脑;另一方面,他对政治也相当关注。他经常到虞福春老师那里要《新华日报》,有时也看些进步的杂志。他越来越多地和进步同学、地下党员往来。在1944年,盟军在各条战线都取得了节节胜利,唯独中国的国民党统治区却日益显露出腐败和每况愈下的危机。1944年,西南联大学生自治会发表了宣言,其中有:"民主在昂扬,历史在前进,祖国在危难中,同胞在水火里。"这就是当时中国大后方情况的真实写照。

救国的关键到底在哪里？邓稼先和他志同道合的同学们展开了热烈的讨论。稼先十分坚定地说："看来关键是政治。"时值1944年年底，稼先刚好20岁。

在20岁前后，邓稼先的世界观正逐步完成着一种飞跃。他本是一个淳朴的读书上进的爱国青年，这时头脑中融入了革命的民主主义思想。这是一个连他自己也没有觉察出来的转变。在人生路途上，个人世界观的许多重大转折自己往往不能立即感觉它，对于从事自然科学工作的人来说，尤其如此。邓稼先在思想上完成这种飞跃的起始动力，仍然是爱国主义精神。他爱自己的国家，少年时就立志要将自己的一切贡献于祖国，这是他终生不可动摇的思想核心。国民党政府的腐败和专制，不过是他思想成熟的客观环境，而经过周围朋友中的共产党员转递给他的影响和教育，则是他在世界观上跃升的推动力和指路明灯。

1945年8月，日本政府正式宣告投降，历时八年的抗日战争取得了最后胜利。刚好这时候邓稼先也从西南联大物理系毕业了。他非常想念远在北平的双亲和姐弟，但抗战刚刚胜利，那么多迁居到大后方的人，一时哪里能够走得动呢？这一阶段的昆明，酝酿于抗战末期的人民民主、呼吁和平的要求因蒋介石政府撕毁《双十协定》、发动内战而强化了。反动政府的倒行逆施激怒了要求建设和平民主新生活愿望的老百姓。敏感的大学生们尤其无法克制胸中怒火，强烈要求反对内战，呼吁和平。在这种情况下，1945年爆发了震惊大后方的"一二·一"惨案。邓稼先积极参加了这个运动，他的思想进步更快。就在这个时期，邓稼先经好友杨德新同学介绍加入了"民青"。"民青"（民主青年同盟）是共产党的外围组织。加入革命组织，这正是他思想进步的一个标志。大学毕业后，邓稼先在昆明培文中学和文正中学教了一年数学，以等候机会返回北平。

1946年夏，邓稼先受聘任北京大学物理系助教，回到了阔别六年的北平，他用自己一个月的全部工资给父亲买了两坛茅台酒和两条上等香烟。因为没有别的什么东西好买，他带给母亲的只有一颗日夜思念的赤子之心。这没有物质依托的情感，更加清冽纯正。他一到家就紧紧地拥抱母亲，他似乎没有看见身体比以前瘦弱的母亲眼里噙着泪水，老人竭力克制着自己的感情。邓稼先一边亲吻，一边叫着"姆妈"。这是他由一个思想趋向成熟的青年返还到童稚的瞬间。人们在自己的一生中，常常有心理和情感的这种返还。这种返还显示着一个人在人际纷争中善良天性的顽强生命力。因此，情感中返还越是频繁，这种人的心灵也就越是纯洁。邓稼先赞赏别人爱用"pure"（纯洁），这是他特别欣赏和终生刻意追求的道德境界。他处处表现出这一点来。所以吴鸣锵干脆就把邓稼先称为"pure"。

为时八年的抗日战争终于取得了胜利，大家都非常兴奋。每个人开始盘算着自己今后的生活安排，都想在事业上有一番作为。但是人们的打算都一件件地落空了。抗日战争的胜利，并没有给中国带来一个和平安定的环境，蒋介石摘取了胜利的果实之后，接着就开始向解放区进攻，内战开始了。这时，邓稼先已经在北京大学物理系任助教。当时国民党政府腐败，经济情况很糟，通货膨胀进一步加剧，老百姓活不下去，许多大、中学生因为无钱交纳学费，面临失学的危险。在全国范围内，学生们开展了大规模的"反饥饿、反内战"的斗争。邓稼先始终积极参加这些运动，并在北京大学讲助会里勤恳忠诚地工作着。他们募集了大量钱款、物资支援贫困的学生。不过，邓稼先毕竟不像在昆明那样血气方刚了，血性减弱是他政治上进一步成熟的表现。

这个时期，他读了毛主席的《新民主主义论》等许多著作，从中受到深刻的启发和教育，他坚信中国共产党领导的人民解放事业定会成功，一个崭新的中国必将诞生。这时，他要用自己的全部才智为祖国效力的思想在头脑中已然经历了一次跃迁。先是听从父亲的嘱咐"要学科学，对国家有用处"。那是少年时的一种普遍认识；后来是"看来关键是政治"，这是他在透彻地看清了国民党政府的反动性之后认识上的一个飞跃；再后来就是"建设国家需要人才"，这是他认真考虑后做出的对自己如何奉献给新中国的一种选择，也同时是他发挥个人优势的一种选择。他毕竟已有比较厚实的物理学根底了，他觉得应该充分利用它。

他一边做着助教，一边勤奋学习，着手准备到美国留学的考试。1947年，邓稼先参加了赴美研究生的考试，并顺利获得通过。

当时学物理的人,有很多都去欧美西方国家读研究生,继续深入钻研。为什么呢?这要回顾一下当时国际上科学发展的情况,特别是在核物理方面。自从美国在1945年率先研制成功原子弹并扔到日本的广岛、长崎两地显示其威力以后,人们一致认为量子力学的发展是核武器出现的科学前提,而第二次世界大战则是它的催化剂。这是原子弹问世的两大历史背景。

化学家至少在一百多年前就知道了"原子",但当时他们对它的组成和结构几乎是一无所知的。直到19和20世纪之交,科学家们先后认识了X射线、电子和放射性等等,揭开了物质世界微观研究的序幕。我们知道量子力学是研究极微小的物质如分子、原子等的运动规律。

1901年,普朗克常数的发现标志着量子力学的诞生。到1905年,科学大师爱因斯坦发表了狭义相对论,他的著名公式 $E=mc^2$(能量等于质量乘以光速的平方),给予后来研究利用核能以关键性的指引。在此之前,新西兰的卢瑟福在20世纪初系统地分解了原子,创立了原子模型,发现了原子核。后来尼尔斯·玻尔又建立了氢原子的模型。到了20世纪20年代末,海森堡的矩阵力学和薛定谔的波动力学从两个不同侧面给了量子力学以完整的形式,而狄拉克的关于电子相对方程也给了量子力学以普遍公式。1927年的索尔维会议则在实际上宣布了量子力学已经创立。

在对于原子核裂变的探索中,尼尔斯·玻尔触摸到最关键的问题之一。他知道，钍比铀235轻，铀238则比铀235更重一些。钍232吸收一个中子之后，它成为一个原子量为奇数的核—钍233。当铀238吸收一个中子之后，它也成为一个原子量为奇数的核。但是当铀235吸收一个中子之后，它却成为铀236，这是一个原子量为偶数的核。

问题在于铀核大约需要6兆电子伏特的能量才会裂变，铀238、铀235和钍232吸收一个中子后都只能得到约5.3兆电子伏特的结合能。这就是说，要使铀核裂变，吸收一个中子之后至少还差约0.7兆电子伏特的能量。但是科学家后来发现："由奇数中子变到偶数中子时会释放出1—2兆电子伏特能量。"那么，铀235在俘获了一个中子后加上这一部分，就超过了6兆电子伏特的能量并因此发生核裂变。这意味着铀235比它的两个竞争者占有能量优势：它只是由于其质量的改变就增加了能量而导致裂变，其他两种同位素则不是这样。

在理论上弄明白怎样才能发生核裂变，已经使许多科学巨匠绞尽脑汁，再要付诸实现，实在是太难了。为什么呢？因为在地球上天然存在的铀矿中，铀235对铀238的比例是1：139，仅占0.7%。这就说明，天然的铀235极少，要分离出大量的纯铀235可不是闹着玩的。

玻尔曾经设想需5年到10年才能做到。此外还有许多理论上和实验上的难题。这样，站在量子力学最前沿的个别科学家曾对能否尽快地研制成功原子弹失去信心。

但是不管别人怎样没有信心，还有很多科学家，如费米、奥齐拉特、赫伯特、安德森等在哥伦比亚大学里继续实验，他们终于发现能够得到大量中子的办法。费米和安德森估计，每俘获一个中子大约放出两个中子。通俗地说就是，有的物质在吞吃了一个中子以后，会加倍地吐出中子来。叫作第二代中子，一代接一代地往下传，它的数目可以很多。

爱因斯坦得知这个重大的发现后，惊叹地用德语说："我从来没有想到过这一点！"不过他很快就明白了，他兴奋地说："对，这是人类第一次用直接的形式而不是间接地释放出核能。"言外之意是，过去只有太阳才放出核辐射，它放射到地球就是阳光。而现在是人类去干太阳做的活儿了。这在一般人的眼里，觉得真是做梦。但是有几位科学家，把梦变成了现实。

从量子力学最基本理论的创立，到核裂变的发现，再到试建原子反应堆，依次递进，它们为原子弹的出世一层一层地准备了条件。然而，天梯爬到这一段，距离世界上第一颗原子弹的制成仍然路途遥远。换言之，在它的面前依然是困难重重。如果反应堆一旦试制成功，研制原子弹的几个重要前提就算一一具备了。这正是一个关键的当口。

事有凑巧，当科学家寻找到第二代中子，迈进建造原子反应堆门槛的时候，纳粹德国于1939年1月入侵波兰，第二次世界大战爆发。残酷的战争环境推着科学快速发展，逼着科学家们一头扎到核裂变这一重大发现中去寻找制造超级炸弹的途径。身处战争环境下的邓稼先自然对这些事情有所关注。

邓稼先在北京大学做助教的时候，在学生中有两个学生和他今后的关系很大。一个是许鹿希,另一个是于敏。许鹿希当时在北京大学医学院读书,她那班的物理实验课恰由邓稼先教。师生之间相互留下了良好的印象。她从医学院毕业后,他们结为夫妻。于敏那时已从化学系转到了物理系。1947年秋天的一个晚上,北京的天气已经有些凉意。漫步在沙滩红楼北京大学校园内的邓稼先,无意中碰到了物理系二年级的同学于敏。他们两人本来并不相识,三句两句一聊就很投机。从物理、数学到社会人情,一直到古诗,无所不谈。两个人没完没了地站在水池旁边聊到深夜。他们全然没有察觉到吹过来的阵阵凉风和身上的丝丝寒意,整个心灵已经迷失到探索自然和社会生活秘密的遨游中去了。他们哪里想得到,事隔20年之后,这两个当年二十来岁的青年竟合作提出了"邓—于方案",为中国氢弹的研制成功在理论设计上做出了杰出的贡献("邓—于方案"这个名词,由外国人在1988年首次写在英文书《*China Builds the Bomb*》中)。在和于敏分手回宿舍的路上,邓稼先体会到人与人之间可以有很多美好的思想相互交流。对于邓稼先,这是一个偶然来到自己身边的极有收获的夜晚。

第四章
留学在普渡

1948年秋,邓稼先受父亲的好友杨武之教授之托,与杨振宁的弟弟杨振平结伴从上海乘船,漂洋过海到一个他很陌生的地方——美国。1948年夏,杨振宁已为杨振平在美国布朗大学申请到半额助学金,杨武之还是决定让振平去美国。正好邓稼先也要去美国读博士,于是振平和邓稼先一起登上"哥顿将军号"客货轮,于当年8月离开上海去美国。

邓稼先站在轮船的甲板上,思绪万千,心潮就像船边的浪花一样起起伏伏。他想起临来美国前,一位对他思想帮助很大的同志袁永厚[1]说过的话:新中国的诞生不会是很遥远的事

---

[1] 袁永厚是地下党员,他是学工科的,妻子是李佩珊。新中国成立后,袁永厚任北京市工业局局长。李佩珊的大姐夫是郭永怀。李佩珊先在北医任教,后调入中宣部。

第四章　留学在普渡　33

1949年摄于美国芝加哥大学。左起：杨振宁、邓稼先、杨振平

1949年摄于美国芝加哥大学物理系大楼前。左：杨振宁；右：邓稼先

情了,天快亮了!好友要他留在北平迎接解放,继续发挥骨干作用。但是邓稼先明确地回答袁永厚说:"将来祖国建设需要人才,我学成一定回来。"事隔40年之后,在1988年的夏天,袁永厚先生作为中国派驻香港人员,在寓所接待了前来访问的许鹿希。当时香港还是英国的属地——回忆起当年的往事,袁先生仍然清楚地记得邓稼先说的"祖国建设需要人才"这句话,不胜感叹。这位在关键时刻往往极有远见的青年,果断地决定走适合自己特点的路来为祖国服务。这一点,稼先心里非常清楚。

1948年10月,他进入美国印第安纳州的普渡大学(Purdue University)研究生院,读物理系。学校位于芝加哥南边约100英里的小城拉菲亚得。这里很久以前曾是普来利冰河流经的地方,是古老的不毛之地,后来变成一片草原,树木少得可怜。到了冬天,房顶和地面常常积压着厚厚的白皑皑的雪层,附近有一条名叫沃巴什的平平常常的小河。邓稼先被单调的一切包裹住了,他对此地的风光大失所望。

邓稼先,这个生性好玩的大小孩,初来时讨厌这个拉菲亚得。这里不仅没有北京的颐和园、香山那样使人开心的去处,也没有昆明滇池和西山的秀丽景色。但是他现在却暗暗庆幸这不可多得的荒漠般的环境,对下苦功攻坚的学子来说,这里就是读书胜地。枯燥的环境令人生厌,但却可以帮助学生收心。

普渡大学在1876年由原先的印第安纳州农业学院和机械学院两校(Indiana Agricultural and Mechanical College)合并而成,

到1948年邓稼先入学时，普渡已是有72年历史的学校了。虽然不是最有名的学校，但水平很高，在我国过去就有过"清华认麻省，交大认普渡"的说法。普渡大学物理系，就更有名一些，据说当时在美国大学物理系的前十位中是能够数得上的。

邓稼先为什么选择了核物理，并且以《氘核的光致蜕变》（*The photo-disintegration of the deuteron*）作为自己的博士论文题目，其缘由在40多年后才明白。1990年杨振宁先生在美国石溪办公室（State University of New York at Stony Brook）与许鹿希谈话时告诉她，在1948年那个时候，现在所谓的基本粒子还只是刚刚开始。核物理已是比较大的一支了，它起始于1930年左右，到那时核物理已经快有20年的历史。尤其是在第二次世界大战以后，做核物理的人非常多，很热门。邓稼先到了普渡大学物理系，他的导师荷兰人德尔哈尔（Ter Harr）是搞核物理研究的，所以邓稼先当然很自然地也做了核物理方面的研究。他的论文题目《氘核的光致蜕变》，在当时是一个很时髦的题目，要细分类的话，属于理论核物理范围。

邓稼先到美国后的第一个强烈感觉就是美国的科学技术水平与战后国民党统治时期的中国科技水平之间有着难以想象的差距，这个事实再一次刺伤了他的民族自尊心。他的脾性发生了一点变化，他下死功夫读书了，过去在西南联大上学时的潇洒气派减了，增添了一份玩命似的勤奋。

有一段时间，他曾和后来是我国著名的低温物理学家洪朝生院士共租一间房子。那时，洪朝生已在麻省理工学院毕业，他是到普渡大学来做研究工作的，想不到几十年后，这两位住在房顶阁楼下的年轻人在科学研究上好像把房顶拱翻了一样，各自在本人的研究领域内都冒了尖。

邓稼先开始时生活很拮据，他只能经常去吃最简单的饭食，几片面包、一点香肠。在北平上初中时一次就能吃80个饺子的大肚汉，要想顿顿都有饭有菜地吃个饱，这时已经做不到了。所以他必须计划着吃，什么时候有饭有菜，什么时候只有面包就行了。即使如此，他偶尔也要空上一顿，就像一支流畅的乐曲在华丽的转折处突然停顿半拍一样。不过前者是一种煎熬，后者是美的享受。冯友兰教授1948年自北平清华园寄美国其儿子的航空邮简一件，摘其内容如下：

"现在朋友中的子弟出国成绩最好的是杨振宁，他不但成绩好，而且能省下钱帮助他家用，又把杨振平也叫去了，又帮助邓稼先的费用……"冯友兰教授曾任国立西南联合大学文学院院长，与杨、邓两家都熟。从此邮简中更证实了杨先生对邓稼先的帮助。邓稼先也曾多次对许鹿希说过，杨振宁对我们家，是两代的恩情啊。

邓稼先对新中国的诞生无限欢欣，但自己带着什么回去奉献给她呢？这仍然是他心底最为关注的问题。能有机会到普渡这样一所高等学府来学习处于国际上发展前沿的核物理，可是一个极为难得的机会，他当然拼命钻研，不肯松懈。他刚刚到普渡时是一名自费生，过了一段时间，他各门功课的考试都已达到了85分以上，过了标准分数线。他因此获得了奖学金，生活也就得到了改善。在吃饭前不用发愁,每餐都可以吃饱了。

因为邓稼先在西南联大读书时,功课的底子打得扎实,他在许多稍微看看书就可能通过的课程上尽量节省精力和时间。尤其是德文课,这是他在联大时学得相当好的第二外国语。在普渡,他一次也没去听过这门课,坐吃老本,考试居然顺利过关,拿到学分。于是邓稼先把自己从过去底子很厚的那些课程上挤出来的时间,当作最宝贵的财富,全部用到钻研物理学发展前沿的新成果方面。一般和他接触较多的同学,对于邓稼先的印象多半是他的热情、诚恳、待人随和以及孩子般的天真,不太容易看到他在关键时刻从大处着墨的眼光和气魄,而这是邓稼先能够在许多方面取得重大成绩的一种最重要的品格。

氘是氢的一种非常重要的同位素。1932年发现了中子,紧接着也发现了氘。什么是氘?氘就是重氢。氢由一个电子加上一个质子组成,而氘比氢多一个中子。因为在中子和质子结合时要放出一点东西来,质量有些亏损,这亏损就叫结合能。因此氘的重量是氢的重量的二倍略少一点,少了千分之几,也就是少了结合能。所以要把氘核打开分成一个中子和一个质子,就必须从外面加进能量去。打起来当然不容易,需要很大的能量才行。邓稼先的导师德尔哈尔教授给他选定的研究题目《氘核的光致蜕变》,在贝林凡特教授(Belinfante)具体指导下完成。这项研究也就是利用加速器放出的伽马射线,亦即电磁波或光波来轰击氘核,使之分裂成一个质子和一个中子,就可以很方便地研究质子和中子间的相互作用及各种关系。我们知道,地球上全部105种原子的原子核基本成分都是质子和中子,只不过因数量多少而各异。而氘核只有一个质子和一个中子,没有其他复杂因素的干扰,因此它是标准的研究对象。在发现同位素氘十六七年之后,就做它的光致蜕变的研究,当然是一个很吸引人的热门难点课题。但是邓稼先在导师的指导下,夜以继日,只用了一年零十一个月的时间,便读满了学分并完成了博士论文,顺利通过答辩,获得了博士学位。时值1950年8月20日。

1950年8月20日,摄于美国普渡大学,邓稼先获博士学位时

身着礼服的博士毕业生们排队走向普渡大学礼堂,脸向右望的是邓稼先

THE TRUSTEES OF
PURDUE UNIVERSITY
UPON THE NOMINATION OF THE FACULTY
HAVE CONFERRED THE DEGREE OF
DOCTOR OF PHILOSOPHY
UPON
CHIA HSIEN TENG
IN RECOGNITION OF THE FULFILLMENT OF THE REQUIREMENTS
OF THAT DEGREE

GIVEN AT PURDUE UNIVERSITY, LAFAYETTE, INDIANA, THIS
TWENTIETH DAY OF AUGUST IN THE YEAR OF OUR LORD
NINETEEN HUNDRED AND FIFTY.

IN WITNESS WHEREOF THE SEAL OF THE UNIVERSITY AND THE
SIGNATURES OF THE PRESIDENT OF THE UNIVERSITY
AND OF THE SECRETARY OF THE BOARD OF
TRUSTEES ARE HEREUNTO AFFIXED.

SECRETARY OF THE BOARD OF TRUSTEES

PRESIDENT OF THE UNIVERSITY

邓稼先在1950年8月20日获得的美国普渡大学博士学位证书

在取得学位后，这位只有26岁的物理学博士，立刻准备行装回国，虽然在此以前他曾面临新的选择。因为普渡大学物理系的德尔哈尔教授有意带他到英国去继续深入研究。走去英国的路，将使他成为站在物理学发展前沿冲锋的战士，并且为摘取科学桂冠提供了现实的可能性。这对于一位有志于科学事业的青年当然是一个极富吸引力的召唤。在这样的机会面前，在教授的热情鼓励下，不能说邓稼先内心毫无所动。但是，他没有任何思想上的犹豫，没有经历抉择时两难的内心体验，便婉言辞谢了这位名教授的好意，他要抓紧时间，回到中国去。

邓稼先根据自己了解的一些情况和新中国成立之后他对国际形势发展的一种直感，特别是1950年6月朝鲜战争爆发，觉得必须尽快行动，他怕夜长梦多，所以在拿到博士学位后第九天（1950年8月29日）就从洛杉矶（Los Angeles）登上威尔逊总统号轮船归国了。他的直觉并没有错。那一次，钱学森先生的行李刚搬上船就被扣下来；赵忠尧先生和邓稼先他们同乘一条船，但到日本靠码头时赵忠尧也被扣下来了，后经中国政府交涉才放出，乘后面的船回国。与邓稼先同船的约一百多名中国留学生，其中有他的同学陶愉生，以及后来是北京协和医院著名的眼科专家劳远秀教授等人。他的好朋友王守武、葛修怀及吴大昌、程光玲两对夫妻，都乘下一班的"克利夫兰总统号"轮船经同样路途回到大陆。后来他们分别是院士或教授，做了很多有益的工作。此后约有数百名中国留学生从美国被放回来。自从1950年10月25日抗美援朝的战斗打响后，由美国乘船直接回到中国大陆的事便暂时停止，其间中断了好几年。有的留学生则绕道欧洲回国。

邓稼先的行李不算少，但除了当时算是新鲜的压力饭锅及一点衣物之外，大量的是对他有用的书籍和杂志。这些书籍杂志和他迫切要回来参加新中国建设的心情一样，分量是沉甸甸的，别的东西与它们相比，都不在话下。金秋时节，威尔逊总统号驶抵香港。1950年时中英尚未建交，当时香港还是英国的殖民地。其他国籍的乘客都能在香港上岸，但是不准船上的中国学生在香港登陆，他们只好分批乘小木船划到中国境内上

威尔逊总统号轮船以及当时的信件

1950年9月，乘美国乘威尔逊总统号轮船回国的中国留学生，合影于轮船甲板上。劳远琇（一排左四，穿深色旗袍者）、邓稼先（末排右二）

岸，最后在广州聚集。一群满腔热情的海外学子，第一次踏上了新中国的土地，回到了母亲的怀抱。他们受到热情的接待，住在广州爱群大饭店，组织参观，向他们介绍新中国的情况。《南方日报》刊登了消息和留学归来人员的名单。

第五章
八年时间探索科学的奥秘

邓稼先从广州乘火车北上,从南到北,行程几千里。他大部分时间是靠在车窗前,两眼凝视向后飞过的田野。战争所带来的断壁残垣这时并未完全修复,旧中国破烂贫穷的景象也不时映入他的眼帘。到河边挑水的挽着裤腿的中国南方妇女,衣裳上面的补丁看得清清楚楚。忽然他看见了一位老农妇,面冲着自己,那几十年社会底层生活的劳苦和血泪在她脸上刻下的皱纹尽管没有退去,但她竟是那样地怡然自得、那样开心。邓稼先忽然感觉到,这不就是"心花怒放"么。"心花怒放",过去这只是他脑子里的一个平常的形容词,现在却是对眼前所见情景的突然领悟。他的眼眶湿润了,麦场从眼前向后退去,火车慢慢拐入黄色的土山坡中。在视线被挡住的时候,他陷入了短暂的沉思。他顿然明白了：搬掉三座大山的新中国人民所迸发出来的热情是一种伟力，他感觉到自己内心被一种说不出来的力量所鼓舞。

邓稼先终于又回到北平来了。这时的北平已改称北京，它是中华人民共和国的首都。

北京的变化很明显。往日横行霸道的洋人、兵痞、旧警察、恶叫花子、妓女都不见了。市面上清洁整齐，秩序井然。人们喜气洋洋、各得其所。这一切变化，集中反映在当时最流行的《歌唱祖国》的一句歌词中："歌唱我们亲爱的祖国，从今走向繁荣富强。"

邓稼先慢慢地从所见所闻中了解到，这一切变化来得这样迅速，尤其是人们的爱国热情如此高涨，正是社会发生了深刻变革的结果。他理解到，人们爱国热情的高涨绝非偶然。它植根于一个几千年来绵延不绝的泱泱大国的自尊自豪之中，它更植根于近百年来饱受欺凌而渴求富强的民族的内心深处。

有一小段时间，因为工作尚未确定下来，邓稼先就东走走西看看，与旧日的同学和朋友交谈，过着一种类似记者的生活。他听到看到许多自己在美国根本不知道的事情：农民在土地改革运动中用一堆堆大火烧毁了租约、地契、高利贷的借据和卖儿卖女的文书，扫尽了地主恶霸的威风。听说这样的事情，他又想起了在火车上见到的那位农村的老年妇女。这时他懂得更具体、更透彻了。他听到工人已组织起来，有了自己的工会，再也不受资本家的气了。私营工厂的大事，资本家要找工人代表商量。他听说镇压了南霸天、北霸天，大长了老百姓的志气。他又听说那时候穷乡僻壤的老百姓，有了当家做主选代表的权利，因为不识字，只好将豆子放在候选人背后的碗里，表示投赞成票，他觉得非常新奇。

人们充满了希望和理想，邓稼先早就能够料到，但革命后全国人民所迸发出的政治热情有如此伟力，则是他在回国后才体会到的。他这次回来，见到了父亲和母亲，大姐和三姐，而小弟弟邓槜先却在前一年参加了南下工作组，被强大的革命洪流卷到了湖北，去从事新解放区的开辟工作，这是他唯一没有立即见到的家里人。

时隔不久，邓稼先被安排到中国科学院近代物理研究所工作。近代物理所在1958年改称原子能研究所。这个研究所先是设在东皇城根，1953年以后搬到了北京西郊的中关村。

从1950年10月到中科院，他大约在这里工作了8年。这8年，是邓稼先进入成年以后最平稳的8年，也是他享受轻松的幸福生活时期。他的儿童时期也很幸福，但毕竟挑着一副过重的担子而难免有时喘不过气来，单单只有中科院这一段生活是他已经成熟的个性任意驰骋的时期。如果说1958年后参加原子弹研制并取得开拓性成就的幸福是充实和慰藉的话，那么这一段的幸福就是甜蜜和欢快。如果说那一段是他在事业上的腾飞和永不停顿的冲刺，这一段就是腾飞前在跑道上的滑行。

邓稼先初到近代物理研究所时担任助理研究员，1952年升为副研究员，在彭桓武教授领导下从事原子核理论研究。彭教

1951年摄于北京西皇城根，近代物理所

第一排9人，左起：胡文琦、肖振喜、邓稼先、彭桓武、赵忠尧、钱三强、何泽慧、肖健、王素明

第二排12人左起：金建忠、彭潜、毕会文、黄祖洽、蒋锛、李德平、陆祖荫、赵佩珩、叶铭汉、殷鹏程、许佚名、忻贤杰

第三排13人左起：叶恭先、佚名、佚名、周中治、白国良、李寿楠、卢竹轩、容霖汉、佚名、高义、王平、于敏、陈耕燕

授早年留学英国，曾随著名物理学家玻恩一起工作，先后获得哲学博士和科学博士两个学位。1945年，他与玻恩共同获得英国爱丁堡皇家学会的麦克杜加耳——布列兹班奖。并于1948年被选为皇家爱尔兰科学院院士。他是一位在物理学方面有很深造诣的科学家。

在20世纪40—50年代，新中国又刚刚诞生不久，原子核物理在我国还是一块空白。就在这一块空白地上，邓稼先在彭桓武教授的领导下与一批青年伙伴辛勤地耕耘。他单独或分别与于敏、何祚庥、徐建铭等合作，在1951年到1958年的《物理学报》上相继发表了《关于氢二核之光致蜕变》《β中微子角关联、β—r角关联和β能谱因子》《辐射损伤对加速器中自由振动的影响》《轻原子核的变形》等论文，为我国原子核理论研究做了开拓性的工作。

1953年，在邓稼先已经29周岁的时候和许鹿希女士结婚。许鹿希是五四运动中著名学生领袖许德珩教授的长女，比邓稼先小4岁，她毕业于北京医学院，专长神经解剖学。早在解放前邓稼先在北大任助教的时候，就给当时在北京大学医学院读书的许鹿希上过物理课。除了师生关系以外，邓稼先的父亲邓以蛰教授和许鹿希的父亲许德珩教授又是相识几十年的老朋友，两家是世交。一切都很自然地发展下去了。他们的主婚人是中国科学院副院长吴有训教授。

结婚后，邓稼先的家庭生活非常安定幸福。从1954年到1955年，邓稼先夫妇住在中关村的科学院宿舍，许鹿希当时在北京医学院上班。她每天乘坐的31路公共汽车间隔40分钟才有一辆，乘客稀少。离校门最近的车站皇亭子，从这里到学校还有大约两站空旷无人的野地。到了晚上，邓稼先大半是骑着车子到汽车站来接她，有时两人也一块漫步在无人的小马路上。

到了1954年10月，他们有了一个女儿。1956年11月，又有了一个男孩。两个小宝宝的先后到来，给这一对搞科研的夫妇，增添了另一种欢乐。一个热闹而有趣的小家庭出现了。他们两人的工资总收入不低，生活蛮不错。星期天就带着孩子们轮流到两家老人那里去玩，到了老人那里，隔代亲的吸引力一下子就把孩子们变成了爷爷奶奶的私产，而这一对年轻夫妇因为自己向年迈的双亲奉献了欢乐，同时也就享受着从老人那里折射回来的幸福。孩子们在尽情地疯玩一天之后，还要带着各式各样好吃的东西回家来。

家庭里平时的生活是乐融融的，稼先每天下班回来，进门的第一件事，便是要逗孩子玩耍。当女儿刚会叫一声"爸"的时候，他总要用双手按住这个不满周岁的孩子，要她再叫一声，再叫一声。到后来，孩子们会说的话增多了，他的要求也随之提高。他不仅要他们重复地叫"爸爸"，还要叫"好爸爸"、"非常好爸爸"、"十分好爸爸"，这样变化着，直到找不出形容词才止住。这是他自己的孩子脾气在当爸爸时的表现方式。他和自己的孩子玩起来的时候，似乎只有年龄上的差别，其他一切中国辈分间的伦常几乎连一点痕迹都没有了。儿子平平六七岁的时候常在天完全黑下来时出去抓蛐蛐、逮青蛙，邓稼先不断向儿子介绍着经验。每逢年节，父子两人就站在晒台上放"二踢脚"（一种双响爆竹），比赛看谁甩得远，甩得高，甩得准。那时候他们住在北京西郊很普通的一栋楼房里。房子的周围，一片空旷，可以在四层楼上望到10公里外新街口的豁口。他们爷俩放的鞭炮在天空中炸响，没有被高墙遮挡所产生的发闷的声音，因此清脆嘹亮，响彻云霄。这使他们心神非常畅快，往往到很晚还不肯收手。妻子许鹿希起初对孩子们的疯玩，尤其是平平弄得满身泥土回来，自然要随口说上几句。但是，邓稼先总是说："孩子嘛，不要管得太死，我小时候也是这样的。"妻子笑了，心里想："还说你小时候，当了孩子爸爸的时候不也是这样吗？"

晚上在家里，也有一种很别致的生活情趣。他喜欢在妻子面前吹嘘自己的英文好，知道的词汇多。他不是在昆明时就背过牛津字典吗，他背的字典可多了，何况以后又在美国学了两年。他要妻子考他，就像用铁锤敲打火石一样，想用这撞击出的火花在妻子面前过一过骄傲的瘾。许鹿希也来了精神，问他河马怎么说，他立刻答出来了，又问斑马怎样说，他又随口答出来了。妻子觉得难不住他，忽然想到了"麻醉"，真奇怪，他连这样的词都会。妻子觉得他不简单，开始真的动起脑筋来，就像跑到深山老林里去寻找奇花异草一样，另一条思路被打开了，她要找生僻的医学名词作为奇兵。她歪着脑袋眼睛下视墙角，突然问道："视网膜怎么说？""视网膜？"稼先一愣，随即哈哈大笑起来。他用笑声表示了自己的失败。

新中国的50年代是历史上的黄金时期。由于中华民族是一个在近代蒙受过百年巨大耻辱的民族，开国后迸发出来的工作热情其实是从这个民族的每一个普通人的心灵深处自然流溢出来的自豪感。劳动人民翻身之后当家做主的满足感和对共产党的感恩之情成为巨大的政治推动力。

组织观念在人们心中一天天自然地强化着，这是人们对中国共产党的信任和拥戴，也是对社会主义、共产主义理想的追求。邓稼先有着自己倾向革命和投身民主运动的斗争历史，他早在昆明时就已经是一个爱国民主运动的积极参加者了。在新中国的政治氛围很浓厚的环境里，在党的教育下，他一定会找到自己必然的归宿。1956年4月，经原子能所同事李寿枬和岳起同志介绍，邓稼先光荣地加入了中国共产党，成为一名工人阶级的先进分子。

在1956年4月22日的《人民日报》第一版上，刊登了一条消息，标题为《一批科学工作者加入中国共产党》。据新华社21日讯，中国科学院机关委员会今天在北京举行大会，接收了北京区各研究单位的35名研究人员和工作人员入党。在这批新党员中，有物理研究所副研究员邓稼先。妻子许鹿希在1950年上大学期间已加入了共产党。这样，他们夫妻间又多了一层同志关系。

在入党前两年的1954年，他就被挑选去兼任中国科学院数理化学部的副学术秘书，协助学术秘书钱三强教授和吴有训副院长工作。虽然主要工作限于学术方面，但是毕竟要和各种脾气不同的科学家打交道。这样就超出了学术的范围而进入了人际关系领域，这使他从中得到了政治和联系群众方面的锻炼，无形中为他以后做科研组织领导工作准备了条件。

第六章

1958年8月——人生的转折点

邓稼先34岁这一年,在他的人生道路上发生了一次重大转折。这给他的事业、家庭生活,以至个人寿命的长度带来巨大的影响。引起这个转折的决定因素,是国家形势的需要。换句话说,国家的命运直接决定了邓稼先的命运。在此事发生之前,邓稼先一丝一毫也没有料到它。这时是1958年8月,新中国诞生快9年了。

据美国斯坦福国际战略研究所所长、斯坦福大学中国政治问题教授约翰·刘易斯和薛理泰在《中国原子弹的制造》一书中披露:"中国军队入朝作战时,北朝鲜军队已全面崩溃,联合国部队正逼近中朝边界。战争结束后中国获得了代价昂贵的教训。""战争把毛泽东的中国引向先进的武器和技术时代,以及正如我们在下面将要看到的核威慑时代。"他们接着强调指明:"为了在这个现代化的世界里生存下来,中国应该拥有也必须拥有现代化的武器。"他们所说的现代化的武器首先指的自然是核武器,此处一语击中要害。

刘易斯等在书中还为其上述判断提供了有力的证据。他们说:"艾森豪威尔曾说过,为了能在1953年7月26日结束朝鲜战争确实需要采取核打击威胁。"书中还说:"早在春季以前美国就已经把装有原子弹的导弹运到冲绳岛。"接着又说:"我们认为,中国人当时觉得他们孤独地处在一种收紧的钳形包围之中。据报道,这些军官主张联合国军考虑使用小型原子弹和核大炮封锁中国大陆和攻击敌方的满洲基地完成新的进攻任务。"

38年之后,在朝鲜战争时敌方准备向中国使用原子弹的事,已由约翰·刘易斯和薛理泰两位美国人写书公之于世。中国必须有自己的现代化武器才能在这个世界上生存下去,中国孤独地处在钳形包围之中,从某一角度看,刘易斯的这种看法没有错。这就是年轻的中华人民共和国在核威慑方面所面临的严峻形势。

新中国刚刚在旧中国的破烂摊子上建立起来,不用说核武器,我们当时连制造常规武器的国防工业水平也是十分落后的。

聂荣臻元帅在一篇文章里明确地回答了这个问题。他说,建国以后,当我们还在医治战争创伤的时候,世界上一些大国已经实现了现代化，进入了所谓"原子时代"和"喷气时代"。更重要的是我们已经有了抗美援朝的感受，技术装备落后，使我们吃了许多苦头。帝国主义敢于欺负我们，就是因为我们落后。落后就要受欺负，这是一个普遍的真理。1954年，聂荣臻元帅去了国民党时代中国军工基地的昆明和重庆，只看到重庆有一些破窑洞，谈不上什么军工厂，昆明虽然有光学仪器工厂，也只能做一些低倍望远镜，连瞄准镜都不能自己生产。

1951年10月，约里奥—居里请中国放射化学家杨承宗回国转告毛泽东："你们要反对原子弹，你们必须有自己的原子弹。"约里奥—居里夫人还将亲手制作的10克放射性镭的标准源送给杨承宗，让他带回中国。

中央审时度势，毅然做出了发展核事业的战略决策。

1955年1月15日，毛泽东召开了中共中央书记处扩大会议。这次会议，标志着中国核工业建设的开始，并于1958年成立了专门组织领导核工业建设的第二机械工业部。

核工业创建之初，我国积极争取苏联的援助。1956年8月，两国政府签订了关于苏联援助中国建设原子能工业的协定。1957年10月两国政府又签订了国防新技术协定。在纸面上写着，为援助中国研制原子弹，苏联将向中国提供原子弹的教学模型。这样中国方面就需要派出科技人员来从事原子弹的研制工作。

选谁来负责此项工作，选谁来和苏联专家打交道，以便把他们的技术和经验学过来，拿到手呢？不言而喻，这是一个很大的难题。

中科院和二机部的主要负责人的脑筋紧张地转动着,开始对可能担当重任的科学家扫描。选择与苏联专家打交道的高级科研人员的工作很难做。因为对这样的人的要求是苛刻的,甚至是矛盾的。他必须专业对口并有相当高的专业和科研能力,但名气又不能太大,以便于和苏联专家相处;要求是到外国留过学的,会与洋人交往,最好还懂俄文,这样有利于从苏联专家那里学到东西;要求政治条件好,觉悟高、品德好、组织观念强,但又要处事灵活一点,以便胜任这一高难度而又不允许出大差错的工作。领导人不停旋转的头脑,像一双高空雄鹰的锐眼,在许许多多他们所熟悉的科学家身上扫来扫去,他们反复比较、掂量、推敲着视线中的每一个人物,分析他们的长处和短处。

候选人终于由钱三强推荐,得到二机部、中科院主要领导人的同意而确定下来。这个人就是原子能研究所的邓稼先。

当这一点确定下来之后,意味着邓稼先的人生道路将发生巨大的转折。开始邓稼先对这一决定当然一无所知,他每天按照习惯早出晚归,回到家里总要和孩子们一起过一段孩子式的生活,这是他一天中最开心的时候。1958年8月,北京进入盛夏,有一天钱三强教授把邓稼先找去了。

钱三强,著名语言文字学家钱玄同之子。"二战"期间,他曾在法国和伊伦—居里共同从事理论物理研究。他的研究方向是γ射线和α射线及铀裂变,1943年获博士学位。现在他担任着二机部副部长和原子能研究所所长的职务。

邓稼先曾于1954年起做数理化学部的副学术秘书,而学术秘书就是钱三强先生。邓稼先对钱教授很尊敬,彼此之间也十分熟悉。对于决定这么一件大事,有关核心内容的谈话虽然很简单,但钱教授的心里十分在意,谈话时相当谨慎和费神。在邓稼先来到办公室之前,钱教授心里就盘算着怎样将这个利弊双关的消息告诉他。对搞原子弹研制工作给个人所带来的损失,他相信邓稼先是能够承受的,但对于这副重担他有些担心邓稼先不敢接。因此,他想给邓稼先的思想上留下一段缓冲的余地。于是他装作漫不经心的样子说了一句半是哑谜而略微有些幽默感的话。钱所长故意不直接点破地问道:"稼先同志,国家要放一个大炮仗,调你去做这项工作,怎样?"说完了,钱三强的目光很快地掠过邓稼先的面颊。

"大炮仗?"邓稼先马上明白这是原子弹,心里咯噔一下。一时他还来不及细想,接着便自言自语地说:"我能行吗?"钱三强副部长慢慢地把工作的意义和工作任务告诉他,一向机灵的邓稼先很快就懂了。不过,担任这个工作给自己的后半生会带来什么变化,他一时是想不清楚的。但是他合乎领导的估计,服从了组织的调动。

这天,他回家比平时晚一些,因为夏日的白天很长,回家时天还很亮。邓稼先骑着自行车,一路上脑子里乱纷纷的。当时他的家住在位于西郊的北京医学院宿舍。这是一座四层的灰色楼房,他们住在三层的一套两居室单元房里。房子四周是旷野，非常安静。邓稼先轻轻地推开房门，4岁的女儿正哄逗着两岁的弟弟平平在玩耍。孩子们欢笑着向他扑来，他亲了亲孩子们的小胖脸蛋儿，一切情景和平日一样。妻子许鹿希见他回来，随口说了一句："今天怎么晚了？"他只点点头，没有回答。他想休息一下，便独自靠坐在椅子上。这天吃晚饭的时候他没喝酒。

入夜，邓稼先在床上翻来覆去地睡不着，妻子从他下班回来就察觉到他与往日有点不同，以为他心里有点什么不大高兴的事情，她想大概一会儿就过去了。但到这个时候，她终于憋不住了，便尽量显得不甚在意地问他："稼先，是不是有些什么事儿？"邓稼先并没有明白地答复，他不知从哪里说起。许鹿希的直觉相当细腻而准确。她看得出，稼先不是忧愁和压抑，而是有点心不在焉，又似乎是心事重重好像有话想说，又有点难以启口，说话不很痛快。这个时候，邓稼先正在想着从哪里说起，许鹿希在揣度着究竟发生了什么事情。两个人都静静地躺着，月亮从窗外铺进屋里来了。一个很安静的夜晚，时光在缓缓地流逝。未经许鹿希再问，邓稼先终于开口了，声音很轻。他说："我要调动工作了。"

"调到哪里呢？"

"这不知道。"

"干什么工作？"

"不知道，也不能说。"

"那么，到了新的工作地方，给我来一封信，告诉我回信的信箱,行吧?"

"大概这些也都不行吧?"

"真奇怪。"许鹿希茫然了。心里想,难道是调到敌人窝子里去了,怎么什么都不能说?

接着是一阵难耐的沉默。许鹿希似乎听到了邓稼先克制自己情绪的略微有些急促的呼吸声。

邓稼先终于开了口:"我今后恐怕照顾不了这个家了,这些全靠你了。"

隔了一会儿,他突然用完全不同的语气坚定而自信地说:"我的生命就献给未来的工作了。做好了这件事,我这一生就过得很有意义,就是为它死了也值得。"

听了邓稼先这句话,许鹿希仿佛一下子掉进了冰窖,虽然她什么也没有猜出来。当时许鹿希才30岁,30岁的女人要带两个不懂事的小孩子,要照顾有肺病的爷爷和有肺病的奶奶,同时还要追求自己在事业上的前程,其困难可想而知。但是她知道,不做出个人的牺牲就不能支持邓稼先去完成他的事业。她懂得,邓稼先要去做的一定是有关国家利益的大事,他一经选定了目标,就会义无反顾地走到底的。因此她认为不能分他的心,更不能用家里的琐事去打扰他。她宁愿自己默默地承担一切。她对他说:"放心吧,我是支持你的。"

邓稼先明白,搞原子弹研制工作,就必须从此隐姓埋名,不能发表学术论文,不能公开做报告,不能出国,不能和某些朋友随便交往。不能说自己在什么地方,更不能说在干什么。

邓稼先、许鹿希合影。
1953年摄于北京

与儿子平平、女儿典典合影。邓稼先、许鹿希1958年在接受研制原子弹任务后摄于北京

上不告父母,下不告妻子儿女,这种秘密工作的禁忌实在太多了。它不仅伤及到一个人的名利,而且也会伤及一个人的性情。对于这一切,邓稼先不会不明白,不过他的确不是那种追逐名利的人。但对于不能和朋友自由交往,他却看得比较重。他毕竟是一个十分重感情而又天真淳朴的人。如果把他的活动范围限到一个小圈子里,阻塞了他的某些情感交流之路,至少

在相当一段时间里,他在情感上会有一点被束缚的感觉。他这样解剖着自己的性格和所面临的新环境之间可能出现的冲突。当他想到这些易于使自己情绪低沉的地方,立即就有一股巨大的支撑力量冒了出来,这就是现在他终于在报效祖国的途径上走向了一条宽广的大道。新中国需要原子弹以壮国威,这一点他是再清楚不过的了。他能参加到这个国家最需要的工作行列,自己就有了最广阔的用武之地,真的为它死了也是值得的。他刚才对妻子说出来的那一句话,是震撼在他心灵最深处的声音。

还有,他不慕虚荣,却有很强的荣誉感。1956年他刚入党的时候,报社记者为了报道青年高级知识分子入党的消息,要给他照一张相,他无论如何不干,不爱在人前吹嘘自己,因为,他觉得那样很难看。但是他对于祖国和人民的信任感到极其光荣。不仅是他,在20世纪50年代,几乎大部分人都把政治荣誉看得比什么都重要。入团、入党、当劳模光荣,被党挑选从事秘密的工作就更加光荣,党的信任对于人们在精神上的鼓舞力量是强于一切的,何况现在是选中他去造原子弹。

但是,这副担子毕竟太沉重了。他有从事原子核物理研究的经历,在原理方面不算外行,但原理和武器之间,相差十万八千里。他怕砸了锅,无法向党向人民交代。事隔几十年之后,这样的心理大概已经为生活在90年代的一些年轻人所不能理解。但是在当时,这是一种极普通的想法,许多人都会这样想,邓稼先也确确实实就是这样想的。

他自然要想到眼下躺在自己身边的"希希",平常他这样叫她,今后一家的重担会落到她一个人的肩上。孩子们太小了,她的身体并不算好,而且她本身也是事业心很强的医学科学工作者,她对专业的兴趣和钻研精神也和自己一样的,有的时候几乎迷狂。怎么办?他没有说话,但能感到希希也睡不着。这是一个不眠之夜。许许多多的人都经历过不眠之夜,有些人经历的几乎完全是痛苦的折磨,有些人经历的是兴奋的折磨,这时折磨邓稼先的既是痛苦又是兴奋,而折磨许鹿希的,只是痛苦和担心。

邓稼先终于以高涨的热情和十倍的信心到二机部报到了。他愉快地迎接对他来说有极大吸引力的新工作,这是他的品格和终生的追求所决定的。立志报效国家,就是邓稼先的一切。

若干年后,在1990年,杨振宁盛赞中国选择邓稼先去研制原子弹是一个英明的决策。他说:"所以我也很佩服钱三强先生推荐的是邓稼先这个人去做原子弹的工作。因为那时候中国的人很多呀,他为什么推荐邓稼先呢?我想,他当初有这个眼光,指派了邓稼先做这件事情,现在看起来,当然是非常正确的,可以说做了一件大的贡献。因为他必须对邓稼先的个性、能发挥作用的地方有深切的了解,才会推荐他。而这个推荐是非常对的,与后来整个中国的原子弹、氢弹工作的成功有很密切的关系。邓稼先是一个很聪明的人。不过,我想他最重要的特点是他的诚恳的态度,跟他的不懈的精神,以及他对中国的赤诚的要贡献他的一切的这个观念。我想,他受命于中国的政府要造原子弹、氢弹这件事情，根据我对邓稼先的认识，这个特点我想是很少人能够做到的，就是他能够使他手底下的人，百分之百地相信，邓稼先是为着公而不是为着他自己。"此外，杨先生还曾说过："他是能够为普罗阶级——即无产阶级——所接受的。"

第七章
从头做起

邓稼先是第一批到二机部九局报到的,一共有三个人。九局后来改称九院,即中国的核武器研究院,在1958年开始时它设在北京郊外,不久即迁到青海省大草原上方圆几百里的荒漠之处。

1958年8月,那时候九院还没有房子,只是将北京城外北郊的一大块地方划出来作为他们日后的院址,叫作三号院,当时那里还是一大片高粱地。若在20世纪90年代,要修建国防尖端科研大楼,不用说,一定是极高的标准和一流的施工单位。而在50年代就完全是另一种情况。从新毕业的名牌大学的优秀毕业生到邓稼先这样的副研究员,全部投入施工行列。他们砍高粱、挑土、平地、修路、抹灰、砌墙,同时还做着建筑工地的各种杂活。

这难道不是一种浪费吗？的确，这种看法并非没有道理。中国自1949年解放以来，不久就掀起了一场知识分子的思想改造运动，要求知识分子与工农相结合。这场运动不仅冲击了"万般皆下品，唯有读书高"这一中国古老的传统观念，而且提倡了向实践学习的科学态度和密切联系群众的优良作风。尽管有些时候走过了头，但是许多知识分子从这里仍然获益良多。邓稼先后来很自信地说："通过劳动，我觉得把自己矮的那一块补起来了。"

邓稼先和他的年轻的同事们累了一天，满身泥巴，没有任何怨气，反而从心里溢出一股豪情："白手起家。"这几乎可以说是1958年"大跃进"的时代精神，这种精神曾因过度膨胀而带来了违背客观规律的失误，但在另一方面却也激发人们拼命去取得一些超乎寻常的结果，包括核武器研制工作这样的成就，冷静地说，也是得益于它的鼓舞。

领导交给邓稼先的第一个任务便是从苏联专家那里学本事。其实苏联的援助，从一开始就是有限度的。最主要的是尽量不提供军事援助。不过，在中国核工业系统工作的全部二百多名苏联专家，态度毕竟不同于苏联政府，他们不是铁板一块。有的专家对中国很友好，尽管不敢突破政府的限制，但他们的态度是和蔼善意的。只要不涉及原子弹的内容，他们也会与中国专家们谈笑风生，天南地北无所不聊。但有的专家却完全不是这样。除了专家们态度上的差别，在不同项目的援助分寸上也是有差别的。

　　第一位苏联专家是喜欢穿中式棉袄、爱喝乌龙茶的列金涅夫。他曾经给四五位高层中方人员讲课，因为旁听的苏联顾问团领导用咳嗽声提醒他，于是他的讲课便含糊其辞地收场了。列金涅夫走了以后，新来一位继任者。这位专家什么也不说，大家给他起了一个外号叫"哑巴和尚"，只敲木鱼不念经。当时的二机部宋任穷部长要求：能挤就挤，像挤牙膏、挤一点算一点。教学模型迟迟没有消息，"哑巴和尚"又开出25本书目，说只有读好这些书，才能理解教学模型。他曾经说："要最拔尖的科学家，只要一百零五个。"他还开列出上百个专业的书籍，其中甚至有关于养花的书。邓稼先客气地请教："花匠与原子核物理有什么关系？"哑巴和尚顺口说："你为什么不问原子核物理学家要不要在开满鲜花的环境里工作呢？"无情的现实，证明学本事的路是走不通的。

　　随着时间的推移，早已预见到的变化终于到来。1959年6月20日，苏共中央致函中共中央，信中以苏、美、英等国正在谈判禁止试验核武器为借口，提出暂缓向中国提供原子弹的教学模型和图纸资料；1960年7月16日苏联政府照会中国政府，他们决定自1960年7月28日到9月1日，撤走全部在华苏联专家，中苏关系破裂。苏联毁约停援给中国核工业建设造成了很大的损失。从原子弹理论设计方面说，主要是白白地耗费了我们的时间和精力。九院先用三个月盖成了原子弹教学模型厅，一切按专家提出的要求办，两层楼高的平房，窗户很高，很小，从外边看不见厅里的任何东西,又在紧靠马路的地方竖起了一个大约十层楼高的大烟筒,遮住模型厅,使马路上的过往行人看不到。苏联专家很挑剔,先是说模型厅的地面不够平,于是邓稼先和小伙子们立即去平整地面,使它平滑得用水平仪也测不出偏差来。专家又说,窗户上没有加铁栏杆,当然,铁栏杆也用最快的速度加上了。专家还说保密条件不够,于是又加设了"足迹地带",并按他们的要求一项一项地补建。直到苏联保密专家再也挑不出任何毛病为止。然而这一切精力和时间都已白白浪费,邓稼先他们为"挤牙膏"而用的脑筋也都白费了。尽管专家临走时因匆忙或不留神掉下了一点碎纸片,上面有像眉毛形状的一条弧线和数字,领导要邓稼先整理,经过拼凑和分析,合成了一些当时以为可能有用也可能没用的材料,但后来才知道是完全没用的内容,仅此而已。

二机部刘杰副部长把邓稼先找去,对他说:"今后一切只能靠我们自己干了。"其实,并非是"今后",理论部的同志早已经是靠自己干了,对苏联援助的幻想为时极为短暂。

第八章
中国原子弹理论设计的总负责人

曾经担任二机部副部长和我国第一颗原子弹塔爆试验副总指挥的刘西尧同志在多年之后的一篇回忆文章中,介绍了当时领导上作的一个形象比喻,叫作龙头的三次方。文章说,"这个比喻,即核武器的龙头在二机部,二机部的龙头又在核武器研究院(九院),研究院的龙头又在理论设计部(简称理论部),即邓稼先他们所在的单位。"邓稼先自1958年8月调到二机部九院以来,就担任理论部的主任,他就是中国原子弹理论设计的总负责人。

为了知道压在邓稼先肩上的担子到底有多重,我们有必要回顾一下已经解密的美国原子弹理论设计的历史,来进行对比。美国的原子弹理论设计工作开始于1942年夏天。奥本海默集合了一小批著名的理论物理学家，专门探讨原子弹的理论设计，这在后来被人们称之为"夏季讨论会"。参加会议的有贝蒂（他的三篇物理学长文被誉为"贝蒂圣经"）以及泰勒等人。

理论设计先后遇到了许许多多的难题。例如：横截面问题，这是衡量某一种核反应出现的几率问题。理论物理学家派尔斯对此有一段通俗的比喻。他说，如果我对准一个面积为一平方英尺的玻璃窗扔球，可能在10次中有一次窗被打破，有9次球被反弹回来。换句话说，如果玻璃窗是核材料铀235（或钚239），而球是从外面向它扔去的中子的话，此时，打进铀235原子核内并使它分裂的机会有1次，而被铀235原子核反弹向别处的机会有9次。这样，核分裂反应的几率为十分之一。

又比如起爆问题，提前起爆会降低原子弹的效率，推迟起爆也会降低效率。为了取得高效率，需要除弹芯和外围反射层之外再加一个起爆器，也就是一个镭加铍的中子源，或者，一个钋加铍的中子源。这意味着起爆时间要求极其精确，不能早，不能迟。要它起爆就立即爆炸，不要它起爆就绝对不能爆。这个嵌在原子弹最里面的中子源得非常听话才行。

用什么材料来做起爆剂呢？根据在数十年后（1986）已经解密的美国资料，我们了解到起爆剂是原子弹里面很小的一个部件。它只需要有一两个中子就能启动链式反应。关于起爆剂的设计国外始终保密。直到现在，各国对于起爆剂的具体技术，仍属军事机密。

再有一个大难题是枪法、内爆法问题。就是说原子弹用什么方式爆炸的问题。枪法是用无烟火药把铀235弹头射向铀235靶环,二者合在一起时,铀235的重量超过临界质量,立即引起原子弹爆炸。内爆法可以想象为:把核材料(铀235)做得像切成四块的苹果样式,在它们的周围放着炸药,都放在一个极坚固的球体中。点燃炸药后,爆炸力并不向外炸开球体,而是使四块分散的铀235都向球心集中,合成一个整的圆苹果状,其重量超过临界质量,于是,原子弹立即爆炸。

可想而知,上述这些关键性的难题,也都摆在邓稼先他们面前。没有任何外援,一切都得靠中国人自己去解决。

美国在1945年首先研制成功了原子弹。如果说,量子力学的发展和第二次世界大战是原子弹诞生的大背景,那么,美国高度发展的工业水平和它拥有众多世界一流的科学家,则是其首先制成原子弹的小背景。

最为典型的是丹麦物理学家玻尔的出走。1943年8月,纳粹占领丹麦首都哥本哈根解除了丹麦军队的武装,并开始逮捕屠杀犹太人。这时,瑞典驻丹麦大使暗示玻尔出逃。玻尔夫妇立即行动,1943年9月29日夜里他们乘渔船渡海逃往瑞典。同年10月6日,英国人用一架运邮袋的"蚊式"轰炸机把玻尔一个人单独从瑞典接走。玻尔在只能容纳一个人的弹舱改装的小阁子里栖身,被秘密地送往英国。到英国后,玻尔曾去看过英国制造铀235的小型气体扩散工厂。但是此时研制原子弹的重心早已转移到了美国,玻尔亦随即到了美国。经过这番打击的玻尔,曾经以极轻蔑的口吻说过："希特勒只有几百辆坦克和飞机，却企图奴役欧洲1000年。"

在20世纪30年代和40年代，先后到美国工作的犹太人和与犹太裔有直系亲属关系的一流科学家如爱因斯坦（德国人）、玻尔（丹麦人）、费米（意大利人）、泰勒（匈牙利人）等等，他们都不同程度地参与了美国原子弹的研究工作，其中多数人是"曼哈顿工程"的主要研究人员，他们差不多从头至尾参加此项工作并做出了极为重要的贡献。由此我们几乎可以这样认为，希特勒砸到犹太人身上的石头，反弹回来埋葬了他自己。

美国第一颗原子弹研制者阵容之强大，在科学史上是空前的。据不完全统计，他们中先后获得诺贝尔奖的至少在14人以上。此外，还有世界第一流的科学家，其中有：玻尔（Bohr, N.1885—1962）丹麦人，1913年提出原子定态、量子跃迁概念，促进量子力学的产生。他领导的哥本哈根学派和提倡互补哲学对20世纪科学哲学有重大影响。费米（Fermi, E.1901—1954）20世纪大物理学家，意大利人，1926年率先提出费米—狄拉克统计，促进人们了解和沟通宏观与微观现象。1934年利用中子辐射产生许多人工核素，为此获1938年诺贝尔奖。泰勒（Teller, E.1908—2003）匈牙利人，核武器研制巨擘，在美国号称"氢弹之父"。他在化学物理、核物理方面，特别是在β衰变理论方面都有重要的贡献。詹姆斯·查德威克（Chadwick, J.1891—1974）英国物理学家，剑桥学派传人。1920年直接测出原子核的电荷，1932年发现中子。这是人类认识物质结构的一大进步，他因此而获得1935年诺贝尔奖。安德森（Anderson，H. 1905—1991）美国物理学家，对伽马射线和宇宙射线有深入的研究。1932年发现正电子，1936年发现M子，开创了人类认识反物质的新纪元，获1936年诺贝尔奖。哈罗德·尤里（Urey，H. 1893—1981）发现氘，获1934年诺贝尔奖，提供了从铀238分离铀235的基本资料。除对核化学有重大贡献外，并对地球和其他行星起源理论做出了重要贡献。汉斯·贝蒂（Bethe，H. 1906—2005）美籍德国物理学家，1938年提出太阳氢核聚变的"碳循环"解释，正确说明太阳产生热核能源，获1967年诺贝尔奖。赛格雷（Segre，E. 1905—1989）美籍意大利物理学家。1955年与张伯仑一起发现反质子，有力地促进了反质子的研究，为此两人获1959年诺贝尔奖。冯·诺伊曼（von. Neumann 1903—1957）美籍匈牙利人，20世纪大数学家，早年在数理逻辑、集合论、泛函分析上有重大贡献，奠定量子力学的数学基础，并创造算子环（现在称冯·诺伊曼代数）理论。1940年后转向应用数学，在流体力学、对策论上有重要贡献，特别是对电子计算机的理论设计做出了奠基性的贡献。在核武器研制中他和波兰数学家乌拉姆一起发展蒙特卡罗法等有效的计算方法，为理论设计做出重要贡献。格林·西博格（Seaborg，G. 1912—1999）美国著名核化学家，由于发现并详尽研究超铀元素，在用于核爆炸的钚的制备中起到关键作用。康普顿（Compton，A. 1892—1962）美国物理学家，1920年发现X射线被晶体散射后波长发生变化。1922年正确解释了这个被后人称之为康普顿效应的现象。这个实验证实了光的波粒二象性,并证实微观系统遵循能量守恒和动量守恒定律,促成了量子力学的建立,1927年获诺贝尔奖。

除了上述大科学家之外,还有水平和贡献大体相当的科学家多人,此处不可能一一详述。这就是美国当年研制原子弹的科学家阵容。

回顾历史能够更好地了解现在。

在1958年中国研制原子弹起步的时候,与美国相比有很大的差距。美国在20世纪40年代初期和中期,工业很发达,已能制造汽车、飞机和军舰,而我国在50年代末才刚刚能生产大卡车,水平之差距显而易见。这无疑会给我国原子弹的研制工作带来很大困难。不过中国有一个巨大的优势,党的威望和号召力,人民的积极性和凝聚力。在整个原子弹研制过程中,除了中国核武器研究院(九院)这个主战场之外,我国先后有26个

建所初期的计算工具:
手摇和电动计算器

部（院）和20个省、市、自治区（包括九百多家工厂、科研机构和大专院校）参加了攻关会战。在尖端技术研究、专用设备和新型材料的研制方面，中国科学界有20多个研究所和许多部门参与解决近千项研制中的课题。这就弥补了我国工业水平落后的不足。

更重要的差距不是工业而是人才。

奥本海默（Oppenheimer）在美国受命时38岁，已经是物理学界著名的科学家，而邓稼先在1958年接受任务时是34岁，他虽然是美国普渡大学的博士，但还只是中科院的副研究员，虽然他对核物理这一学科已有一定的掌握，但是他的水平和名气都难以和当年的奥本海默相比。起初，在1958年时邓稼先只领导着28个新毕业的大学生，他们的平均年龄不超出23岁，而奥本海默手下除有大批的年轻人之外，还有好些著名科学家。我国在理论部成立之后，除了继续调入一批刚毕业的大学生之外，后来也调入了王淦昌、彭桓武、郭永怀等高水平的资深科学家，但是数量上显然少于当年美国的，在总体水平上也比不上像玻尔那样一些世界顶尖的科学家。

人类第一颗原子弹的研制无疑是最困难的，在能否成功尚无答案的情况下去探索、去创路子永远是最困难的。后继者有前人的足迹可循，一般来说要容易得多。但是，中国研制原子弹是一个例外。由于核武器属于军事绝密，也不像别的新式武器在缴获之后可以拆卸。所以，原子弹的研制者在工作中几乎无可借鉴。在很多方面邓稼先他们会遇到和首创者同样的困

第八章 中国原子弹理论设计的总负责人

难。一切得靠中国人自己去摸索。研制原子弹的困难一般人难以想象,但内行人却十分清楚,在中国原子弹爆炸成功7年之后,驰誉全球的物理学家杨振宁在上海饯行的宴会上看到邓稼先托人专程从北京送来的一封信,信里告诉他在中国的原子弹、氢弹研制中,没有任何外国人参加,全部是由中国人自己干出来的时候,他竟抑制不住内心的激动,热泪满眶。作为宴会的主宾,不得不起身离座去洗手间整容。因为他是深知其中的艰难的。这好比开荒一样,满地荆棘,一切得从零做起。在1964年中国第一颗原子弹爆炸成功后,美国的报刊上已经再三提到邓稼先是此事业的重要领导人,但同时也有谣言说有美国人参与研制。1971年,杨振宁自美国经巴黎飞抵上海,首次回国探亲访问。在北京与稼先见面,极其欢愉,两人畅谈阔别22年的事情,但就是不问邓稼先的工作,稼先也不说。杨振宁心中的疑问一直拖到最后时刻,在他离京返程临上飞机之前,在停机坪的栅栏口处突然止步,回身问送他的老朋友:"稼先,我在美国听说,有一个叫寒春的美国人曾经参与研制中国的原子弹,这是真的吗?"邓稼先为难极了,不能欺骗老朋友,又不能违反保密纪律。他只好说:"你先上飞机吧,这事以后再告诉你。"回来后,邓稼先立即向上级请示,周恩来总理得知后明确指示,要让邓稼先如实告诉杨先生,中国的原子弹氢弹全部是由中国人研制的,没有一个外国人参加。激动不已的邓稼先连夜写信,派专人乘民航班机赶往上海,在上海市领导为杨振宁饯行的晚宴上,送到了杨先生手中。千钧重担压到肩上之后,邓稼先的性格发生了很大变化。

邓稼先本来是一个生性活泼开朗的人。在中学和大学时代,生活给他以强烈的爱国、民主教育。他在政治上算是早熟的,对人世间的各种关系也有了解,但还是以他纯洁的天性的自然流露在留美同学中获得了一个"大小孩"的绰号。这并不是因为那几位同学有什么特别的观察力,而是他自己的个性随时随地没有遮拦地流溢出来了。

从1958年夏天到1959年夏天,仅仅一年,一向活泼开朗的邓稼先有了很大的变化。他工作和生活在一个特殊的环境里,由此造成一种特殊的心态。如果将他的性格表现当作一个花坛,上面栽满了各色小花和野草的话,那么,从1958年夏天开始,坛中长着的花一部分盛开怒放,一部分却慢慢枯萎。这是在他34岁到35岁壮年时发生的事情。

到九院工作后,邓稼先回到家里时说话明显减少了。家里原来在晚间有的那种欢乐的气氛渐渐地淡下去。朋友和亲戚们见面的机会少了,话更少了。原子弹研制工作的保密范围太大,做什么不能说,在哪里不能说,和谁在一起工作也不能说。他们在与人谈话中,除了一大块业务工作领地被圈起来之外,还有很多似乎不相干的事情也被圈起来。因为搞我们情报的人善于分析,他们能从我们毫不介意的细节中测推出许多重要情况。所以保密与非保密二者之间的事情,也只能先行回避为妙。这就将邓稼先他们与朋友交往时的话题划到了最小的限度。谈话本是心灵沟通,也是友情发展的一条渠道。这对邓稼先看重友情和活泼开朗的性格来讲，是一种严厉的约束。但是，邓稼先明白自己工作的价值和纪律的需要，他任凭这种工作纪律的严格要求来管住自己的个性，听任自己的性格朝着自己所不喜欢的孤独沉闷的方向变化。他甚至蒙受许多亲友的误解，不加辩护而能心安理得。他十分明白，没有误解就没有人生，被别人误解几乎是任何一个人终生的伴侣。达观一些吧！他时时叮嘱着自己。

从到二机部报到开始，邓稼先就感到了沉重的压力。这种"压力感"在过去的工作中也曾体验过。他的预感很准确。在他关于主攻方向的思想有相当积累的时候，1959年6月中苏关系彻底破裂，1959年7月，周恩来总理向宋任穷传达中央决策："自己动手，从头摸起，准备用8年时间搞出原子弹。"

邓稼先加快了步伐。当时要深入展开选择主攻方向的讨论，条件尚不很充分，在1959年那时候，王淦昌、彭桓武、郭永怀等高水平的科学家尚未调到九院来。因此，理论设计的主攻方向基本上靠邓稼先来琢磨。

邓稼先比前一阶段更加沉默了。他有时走神，晚上回到家里也是沉默寡言，妻子觉得他的眼神空落落的，似乎不在这个地球上。夜晚，他躺在床上，看上去是闭眼在睡觉了，但许鹿希知道他并没有睡着。他的身体躺在平软的床上，脑子里却在原子弹理论设计的黑茫茫的境界中摸索。有时晚上在家里谈起有趣的事，他又恢复了以往的爽朗，不禁开怀大笑，但有好几次笑声突然中断，工作中的问题把放松的心情给挤到一边去了。妻子感觉他的脑子似乎分成两半在同时活动，有时候这方面占上风，突然另一方面又占了上风。真正考虑科研的那一条思路是永远在工作着的。放松下来的不过是短暂的一瞬间。但是，着急的许鹿希帮不了他的忙，唯有以自己多多照看孩子和管理家务来使他少在别的地方费神。其实许鹿希本身的教学科研任务就很重，对此，她缄口不言。

一天，邓稼先感到了重大决策前的不安。他从小受父亲的影响，非常喜欢音乐。在工作紧张的时候，常常爱听田园交响曲，从中领略暴风雨过去之后幽静碧绿的美。他在欣赏进入高潮时，能全身心融入乐曲所展现在他心神里的美好境界。可是这一天他一改往日的习惯，晚饭后独自坐在晒台上，没有再听田园交响曲，而是去听贝多芬第五命运交响曲。他闭眼静静地听着这首以人类和命运抗争为主题的富有人生哲理内涵的曲子。这段日子里，与其说困难在折磨他，不如说是热切的爱国心和高度的责任感在折磨他。他需要给自己增添勇气和力量。他静静地随着乐曲的旋律体验着，命运的恶魔压住了人生的光明。人类和命运搏斗，终于扼住了命运的喉咙——他就这样坐在那里直到日落星沉。

他的努力没有白费。邓稼先终于选定了中子物理、流体力学和高温高压下的物质性质这三个方面作为主攻方向。邓稼先以此为我国原子弹理论设计工作做出了最重要的贡献，它是一座里程碑。

理论部年轻的科研人员就按照三个方向编为三个组。从

1958年开始先后调来的近百名大学生，尽管他们都来自名牌大学，成绩优秀，但是其中很多人并不是学物理的，更不要说核物理了。因为在我国的大学中最早设置这一专业的是在1956年。所以在1958年和1959年，调来的学生所学专业很杂，学物理的有，学数学的有，学冶金的有，连学建筑、外文的也有。

在确定主攻方向、分别编组的前后，必须有一个入门补课阶段。起初，邓稼先亲自给他们讲课。课程内容实际上就是邓稼先本人在美国学的核物理方面的知识，大家听了邓稼先的讲课，感到通俗、清晰、透彻。有人说："老邓讲课层层递进，听起来像淙淙泉水流淌，心里明亮极了。"后来，邓稼先组织他们读书。主要读的是柯朗写的《超音速流和冲击波》、戴维森写的《中子输运理论》、泽尔陀维奇写的《爆震原理》以及格拉斯顿写的《原子核反应堆理论纲要》。

当时的条件极差，这些书并不是人手一本，柯朗的《超音速流和冲击波》一书原本是英文的，当时他们手中只有一本钱三强教授带回来的俄文版本，找遍了北京的图书馆没有第二本。于是，他们的办法是手刻蜡版自己油印。读书的方法是大家读，大家讲，每一章节都有一个人做重点发言，等于是一个小教员。这种方式，非常类似尼尔斯·玻尔的风格。玻尔的工作习惯是边想边讲，进行没完没了的讨论，有的简直就是苏格拉底式的问答法。这群年轻人在讨论中也逐渐形成了一些新的物理思想，尽管他们的水平还不能和玻尔的交谈者如狄拉克、海森堡等相比。但是他们在邓稼先领导下用这种方式探索，同样收获极大。

中子输运组的同志找不到现成可用的材料，他们从各方面想办法。智者在情急的时候，经过短暂的停滞，常常可能突发奇想，解决难题。当时北京图书馆里有一些日内瓦和平利用原子能反应堆的普通外文资料。和平利用原子能就是普通的核电站一类的反应堆，这种普通的反应堆中也是中子链锁反应，因此叫作受控核反应。这种外文资料对研制原子弹是没有直接用处的。不过在见到这种材料的时候，中子组聪明的年轻人脑瓜一动，旋转了180度，他们去寻找那些出事故的材料。出事故就是中子的数量超临界，雪崩似的或是水泻似的大量涌出来，于是链锁反应便失去控制，产生爆炸。这种爆炸是低效能的爆炸，和原子弹爆炸的威力不可比拟。但是，邓稼先和他领导的青年人想到了不可比拟的只是威力，而不是原理，在不可比拟中包含着可比拟的东西。从这可比拟的材料里能够推导出中子输运的规律。这些奇妙的路，都是在重压之下寻找出来的。

邓稼先全面掌握着三个组，并且要分身参加各组的讨论，给予指导。此外，他还亲自领导高温高压下物质性质组。这一组开始有胡思得、李茂生、李志伟、倪馨福四个人，后来又加上张信威等人。邓稼先总是和他们一起工作到深夜。年轻人拉计算尺连眼睛都睁不开了，只要没有告一个小段落，工作往往就还要照样干下去。

从1960年开始，邓稼先领着这些年轻人分三个组突击，需要进行大量的计算。除此之外，他自己还要搞一些粗估。粗估是他们在当时条件下搞科研的一项重要方法，这须有较高的学术水平，要求物理概念特别清楚。它并不拘泥于具体的精确的数字，而是把各种条件综合起来，从理论上估计出一个数量的幅度。而一切工作的进程都必在其间。赛格雷在描写玻尔的特点时曾经说过："玻尔喜爱模糊的轮廓，不是无缘无故的。我几乎可以说，他喜欢丹麦的雾。"每个科学家不仅有自己的个性特点，而且有自己的思维特点。邓稼先对自己用粗估办法来验证问题颇有信心，甚至也很得意。有一次，许鹿希问他，这种难题你没有去上过计算机怎么能否定别人的计算结果呢？他用手中铅笔的橡皮头轻轻敲着妻子的鼻子，顽皮地笑着说："你懂什么？我在这张纸上粗估了一个范围，他们用机器算的不能超出这个框框。"

此后，他们的工作进入了一个齐头并进的繁忙期，一方面是推公式、搞粗估、求近似值，然后再深入一步；一方面是搞精确的计算。推公式是困难的，需要理论水平、深刻的洞察力和做学问的灵气。精确计算是枯燥而要求又极为严格的，同样需要在各方面有很高的水平。他们计算的是常人难以想象的大量数字，算完的纸带子和计算机的穿孔带子一扎扎一捆捆地放入麻包中，从地板堆到天花板，堆满了一屋子。这就是大伙儿日夜三班倒不停机的记录。而且他们当时的工具也太落后了，一般用的是手摇计算机，大小和西瓜差不多，算乘法正着摇，要是算除法，就往后倒着摇。此外，他们还常常靠拉计算尺。最高级的一台计算机是每秒1万次的104机，要在分配给他们的那一段时间里到计算所去用。当时我国的计算机实在是太少了。尽管如此,他们还是用简陋的机子完成了需要的运算。许多年轻人说,推公式实在是让人绞尽脑汁,有时简直使人感到完全绝望了,但在苦苦思索或者是必要的停顿之后,往往柳暗花明又一村。有些公式年轻人在白天推不出来,晚上邓稼先回家,第二天早晨就拿出结果来了。其实,邓稼先回到家里后并没有休息,他心不在焉地吃了饭便上床躺着,常常是眼睁睁地仰望着天花板,在那里继续工作着。有的时候他的眼睛闭上了,但没有睡着,除了打鼾之外,他都是醒着的。他可以一支笔也不用,就凭着脑子里背下来的内容去推算公式。很奇怪,夜里躺在床上干巴巴地想,居然能有极高的工作效率。静悄悄的深夜,没有任何枝权来干扰他的思路。于是,一个白天始终推不出来的难点,就靠着他双目时闭时开的思考给推出来了。接下来便是一段鼾声大作的沉睡。第二天,"他来了精神,带着这个令人兴奋的消息,骑上自行车到办公室去向年轻的同事们报告结果。每逢遇到这样的早晨,他总会在路边停留下来,吃一块烤白薯或是什么别的东西。他很喜欢去品尝生活中的这种别致的乐趣。但是他们的工作并不是经常有这样愉快的进展,甚至要忍受反复失败或各种疑问的折磨,这些难熬的日子就像春寒一样,常常会降临到他们的头上。

1960年春天,工作中遇到了一个难题。他们需要获得一个制造原子弹中的关键参数。苏联专家以前曾经回答过他们的提问,随口告诉了一个数值。现在自己动手研制原子弹,必须准确无误,何况这是一个差之毫厘失之千里的关键数值。那么,苏联专家说的这个数字究竟对不对呢?对于苏联专家给的这个重要数值的计算,因结果总是与该值对不上而困难倍增。他们加进各种参数一次又一次地算下去。计算,几乎是每个人都干过的事情。从工程设计到做买卖,从操持家务到孩子玩耍,哪个里面没有计算呢?有许多计算是人们智慧的用武之地,聪明人可以在这块领地上一显身手,享受施展才能所带来的愉快。但是在原子弹理论设计的计算中,常常把那些机灵的脑瓜塞挤得好比榆木疙瘩,使他们忍受枯燥的折磨而欲罢不能。因为他们每算一遍要有几万个网点,每个网点要算7—8个参数,每个参数要解五六个方程式,有时还需要进行替代。在20世纪60年代的计算机使用的打孔纸带子一麻包一麻包的从地面堆到房顶。

不管再难、再枯燥,他们都必须把这个重要数值搞准确。否则,工作就无法继续下去。他们耐心忍受着这种疲倦和焦虑的煎熬。二机部宋任穷部长鼓励邓稼先他们说:"你们干得不错,没有被困难吓倒。"邓稼先和他们那群年轻人用理智来对待一切。从春天到夏天,又从夏天到秋天,从头到尾先后经过了9遍计算,最后经过验证,肯定了邓稼先他们所得出的数据。著名数学家华罗庚教授曾把他们所计算的问题称作是:"集世界数学难题之大成。"邓稼先他们在攻关最初阶段的生活是活泼有趣的。年轻人为能够承担这样光荣的任务而不知疲倦。在他们心中,攻关不下的急切心情和攻下难关的喜悦心情相互交替着,什么枯燥和疲倦都不过是一掠而过的情绪和感觉。晚上加班是家常便饭,深夜几个青年人把邓稼先送回家,连人带自行车翻铁丝网而过。日夜连轴转使他们太疲倦了。有一次邓稼先讲完后问大家还有什么问题,接着自己便站在黑板前睡着了,当然,他只能打个盹,但论质量这一分钟的盹恐怕能赛过平常一小时。不过,无论怎样辛苦,他们心情都是愉快的。

只有一次,邓稼先产生一种较沉重的自责心情。那是有一天深夜回家,他看见自己5岁的女儿和3岁的儿子互相搂着和衣坐在房门外的楼梯上睡着了。妻子不在家,他把晚饭时给孩子开门的事忘记了。认真地说,这不是他的疏忽,而是更重要的事情把他的精力牵走了。在工作最紧张的时刻,不允许他分神。但在此时,邓稼先心中迅速涌上了一股深深的自责感。他把两个孩子抱进家门让他们舒服地睡在床上,而他自己似乎是刚刚醒来,不知道该做什么好。

邓稼先就这样顾不上身体、顾不上家庭,拼命工作了大约三个年头。于是时间对他们的勤奋给予了回报。他们的工作取得了相当大的进展。

因为工作的需要,也是因为已经看到了希望。在我国原子弹研制工作看到希望的时候,领导及时调进来几位高水平的科学家和大批专业人员,为的就是在关键时刻加一把劲,尽快把工作推上去。那么,当时理论设计方面的希望在哪里?简而言之,就在于邓稼先他们已经大略勾出了我国第一颗原子弹的轮廓,换句话说,原子弹理论设计的框架已经摸索出来了,而且他们在中子物理、爆轰物理、流体力学和状态方程等方面也都有了比较深入的研究。

所以李觉将军风趣地对邓稼先说:"我们现在调来一百零八条好汉,你准备一下,给大家做个报告。"

邓稼先开始做关于第一颗原子弹蓝图的报告。邓稼先说:我向尊敬的科学界老前辈和同志们汇报学习心得。但是这个报告的内容,实际上就是关于原子弹理论设计的框架和构想,最特别的地方是使用铀235做核材料,同时采用内爆方式。与其他四个核大国走了完全不同的途径。它是邓稼先和他领导的一批科研人员三年奋斗的结晶。仅从这个框架,内行人也可以明白没有外国人参与,完全是中国人自己摸索出来的结果,因为它和任何国家的第一颗原子弹都不一样。

一位物理学家评论邓稼先的报告说:"它具有极高的学术价值,可以说它已经描绘出原子弹的雏形,它在事实上宣布了我国核武器进入决战阶段。"除了著名的老一辈科学家以外,聂荣臻、陈毅、宋任穷、张爱萍等领导同志都听了这个报告。

邓稼先和他带领的年轻人,以他们的智慧、勤奋和无私奉献的精神,经过三年的努力,终于叩开了原子弹理论设计的大门。

第九章

出色的核武器研制工作领导人

1962年11月3日,毛泽东主席在二机部争取在两年后制成原子弹的报告上批示:"很好,照办。要大力协同做好这件工作。"随即,在中共中央直接领导下,成立了一个以周恩来为主任,有7位副总理和7位部长级干部组成的15人中央专门委员会,统一领导全国的这项工作。从此,核工业建设和核武器研制进入了一个新阶段,各项工作的步伐大大加快了。各项工作的要求也都随之一步一步地严格起来。在中央专委会议上,周恩来强调:"二机部的工作必须有高度的政治思想性,高度的科学计划性,高度的组织纪律性。"后来,大家把这个要求叫作"三高"。周恩来还反复强调核武器试验要"严肃认真,周到细致,稳妥可靠,万无一失",以及"实事求是,循序渐

第九章 出色的核武器研制工作领导人

进,坚持不懈,戒骄戒躁"。总理的热情关怀,对参试的科技人员给予了极大的鼓舞。

原子弹攻关,最关键的当然是掌握基本理论和关键技术。邓稼先面临着加速和拓宽领域的转变。这是由我国核武器研制的特色所带来的,也是邓稼先担任的工作所带来的。若干年后,刘杰等同志在一篇回忆文章中曾经写道:

核武器和核工业是当代科学研究的成就和工业技术发展结合的产物,它把科研、工程的生产活动,统一于一个

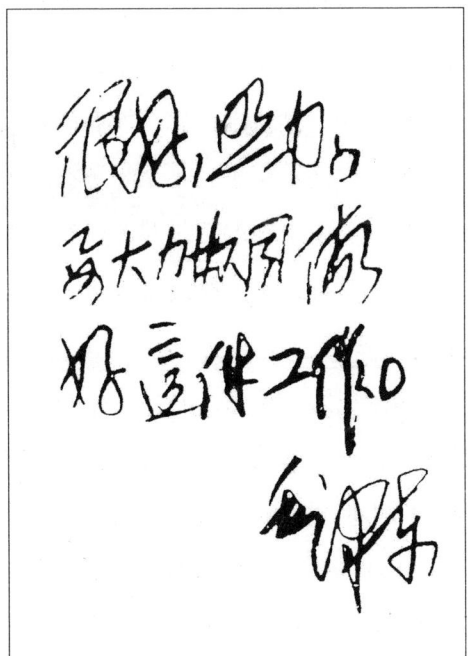

1962年11月3日毛泽东主席的批示手迹

过程。从基础理论研究开始，到科学实验，工程设计，加工制造，前者为后者在开辟道路，成为后者的依据和指导，而后者又不断反馈信息，给前者提出新的课题，相互衔接，相互渗透，相互促进，如同接力赛跑，一棒接过一棒向前跑……克服了人为的分割和脱节，创造了一种科研、工程和生产一体化的新体制。

我国核武器的新体制，改变着邓稼先的工作内容、工作方式、工作作风以及细微的日常生活。环境一点一点地要求人们改变着自己，但他自己往往不能觉察到它。别人首先发现的是邓稼先经常愣神。有一天，党委书记忽然对他说："老邓，不行，以后不准你再骑自行车了，你的眼神是直的。"眼神是直的？他心里一动，自己怎么没有感觉，但是他很快明白了，随口答道："还不至于，不至于那么厉害，我骑车子的技术可蛮好呢！"党委书记的话是对的。有一次他那支配自行车的第二神经也突然并入第一神经里去了，于是连人带车掉进路旁的水沟里。

邓稼先为人随和，很容易和群众打成一片。他本是一个好玩耍和喜欢热闹的人，他与人相处从来没有身份上的等级感。他和同志们相处非常大方，别人到他那里去开会，就要翻他的衣袋找好烟抽，翻他的抽屉找糖和点心吃。他以同志们跟他不见外为极大的精神安慰。这是他的追求，他努力做一个纯洁的人，他很不愿意为什么戒心、隔膜之类的东西来伤及自己与同

第九章　出色的核武器研制工作领导人　87

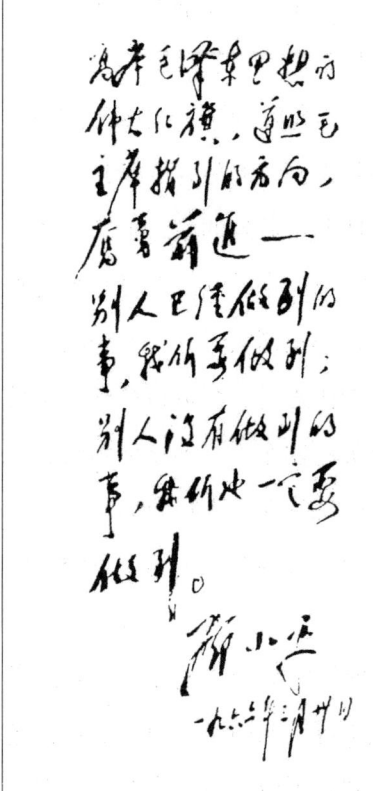

1966年3月30日邓小平视察西北核武器研制基地时的题词

志们之间的友情。他在基地和同志们抢吃妻子托人捎来的酸三色糖块或者是排着队轮番跳人马，弓着身让别人双手按在他的背上跳过去，他都感到很开心。

　　他担任九院领导后，工作范围超出了理论设计，一直要管到工艺，每一个要害处零部件的加工是否合格，他都要挂上一份心。他经常到工厂去，向第一线的老工人问这问那，记在小本子上。他们的许多部件只有八级工的师傅才能上床子动手干，规格要求极其严格，老师傅们积累了不少书本上找不到的经验，因此他渐渐懂得了许多工程技术方面的东西。

制造原子弹，有许多事情是非常危险的。一次要在特种车床上加工原子弹的核心部件，就是把极纯的放射性极强的部件毛坯切削成要求的形状，这是一件非常危险的活，不能切多，不能切少，不能有半星火花，不能出丝毫差错。老将军李觉和邓稼先同时站在工人的身后，工人心里踏实了，一刀一丝，一丝一刀，每车一刀测一次数值，操作正常。李觉将军毕竟年长体弱，站了一天又站到半夜，心脏病发作了，不能顶到底。但是邓稼先深知这部件的重要，他坚持站在工人师傅的身后，工人换班他不走，整整站了一天一夜，直到第二天早上拿到合格产品为止。

小时候，邓稼先虽然顽皮，但很守规矩，这在一部分同学中留下了胆小的印象。守规矩似乎可以叫胆小，但人们真正谴责的胆小实际是那些只顾自己私利而不敢有所作为的人。邓稼先可绝对不是那种人。原子弹爆炸试验前，要插雷管，这是所有危险工作中最危险的。操作者小心翼翼，在场的人鸦雀无声。大家都高度集中精力于工作，防止发生任何事故。即使如此谨慎，每个人都仍然随时准备献身，因为万一发生了问题，在场所有的人将立刻化为气体。在核试验前插雷管时，邓稼先总是无言地站在操作者的身后，他要稳住人心。

邓稼先在处理问题时的沉着是有名的，他负责任，有学问，有魄力。有一天，稼先开完会回到家里，已经深夜了，他很疲倦，很快进入了梦乡。刚入睡不久，基地来的急促的电话铃声把他惊醒。他披衣起来，听那边紧张的汇报，出问题了。汇报的人很紧张，但邓稼先却异常沉着，他迅速询问对方各种数据，待情况基本清楚之后，他告诉对方打开什么，看看数字是多少，告诉对方应该是多少；再关上什么，看看数字是多少，应该是多少。他用这种方法了解事情的变化情况，不断提出处理方法，使远在千里之外事故现场的人，稳定了情绪，工作忙而不乱。就这样他不停地通过专线电话连续处理了五六个小时，直到天亮，终于化险为夷，人员无一伤亡，而且可以把损失的百分之九十八回收起来。

在邓稼先随和、谨慎、沉着的背后，还有更深一层的东西，那就是他的性格中也带有几分大胆冒险的精神。这种精神也是成大事业者所必须具备的。和他熟悉的同志在打桥牌中曾发现了他的这个特点，他常常喜欢叫牌，他不是一个什么事情都要仔细掂量到犹豫不决程度的人。这一性格表现在工作中是他的勇敢精神。邓稼先曾经冒着生命危险去观察发射中出现的特征火花现象，他对于需要知道的事情，常常不考虑代价。有一次讨论一个极为重要的核武器试验，出现了意见分歧，简单说来，一种意见是分三个步骤来完成这项核试验计划，另一种意见是分两个步骤来完成这一计划。三个步骤的办法较稳妥，但是费钱多、耗时长、威力小；而两步骤的方法有一定风险，但是费钱少、耗时短、成功后威力大。邓稼先坚决主张后一种方法，他知道必须为这种风险承担主要责任，但是邓稼先为了国家利益做整体考虑,丝毫不考虑个人的得失。这种较难较快的两步骤方案终于通过论证,获得批准,并取得了成功。

多年以后,邓稼先曾回忆到这次三步改成两步的方案,他叹了一口气说,那时可真难呀!两种意见都是对的,一种是稳一点,另一种是好一点。差别是又给国家节省钱,又获得高效能的核弹头。可是真难下决心呀!许鹿希问他:能节省多少钱?他说估摸着算来至少省三千万元。许笑道,好家伙!普通一个大学三年的经费,你们轰的一声响,就没了!邓稼先笑着点点头,陷入深思。

其后,在1990年,许鹿希曾对杨振宁教授说,中国的原子

1994年5月14日摄于北京王府饭店1231房间(许鹿希摄影)
右起:杨振宁、彭洁、邓昱友、邓志平

弹、氢弹等核武器花的钱要比别的国家少得多。杨先生默默地摇了摇头，轻声说道，若搭上科学家的性命来看，就不能这样计算了。

他们的工作要求不能出任何一点纰漏。邓稼先常常对人说："在我们这里没有小问题，任何一件小事都是大事情。小问题如果解决不好，就会酿成大祸。"有一次午夜后，邓稼先刚刚休息，突然核材料加工车间来电话，说是一个重要部件的加工出了一点问题，他放下电话只穿着拖鞋就出门上了吉普车。这是他的脾气和习惯。要紧的事情一发生，便忘掉一切。那是一个连续下了好几天瓢泼大雨的黑夜，当时雨依然很大，这种时候汽车跑在山路上是十分危险的。山顶上的雨水带着泥沙和石头冲下来，路段上时有塌方，安全毫无保证。他乘坐的汽车强行沿着山路盘旋，忽而向上，忽而向下，车到河边时，大水已经漫过了桥面，这里是曾经出过车毁人亡事故的地方，司机心里很紧张，车速一点点减缓下来，不敢开了。邓稼先使劲摇着司机的肩膀喊着："冲，往前冲！"司机也有些心急地说："老邓，你可是大科学家啊！"邓稼先毫不犹豫，严肃地但压低声音说："他们在等着我处理故障，干咱们这一行的，出了事故就不得了啊！"司机明白核武器的重要性，也明白邓稼先的心情，他加大了油门，冲向桥面。车子行进在漫着河水的桥上，浑浊的河水立刻灌到了汽车里。一路颠簸好几个小时才到车间。司机累倒了，可邓稼先却立即投入工作，又干了一天一夜，终于排除了故障。

这样抢时间去排除故障解决问题的事情是经常发生的，他已经很习惯了。习惯成自然，事后他心里并未产生排除万难争取胜利的自豪感，或是获得某种道德上的自我完善的安慰。是事业心和工作环境这两样东西久而久之的结合，使他获得了这样的品质，这种品质一经形成便永远伴随着他。这是一种他自己也未能觉察到的伴随物。与他平日最看重的"pure"纯洁品质，日渐接近。

　　然而，日复一日年复一年的紧张工作，像一块磨石一样，一分一厘地损毁着邓稼先强壮的身体。通宵达旦的工作所带来的疲劳，在他年轻时，几个小时的熟睡就可以消除。50岁以后，稼先的体格虽仍很魁梧，但精力开始出现衰老迹象。1982年的一天，核试验临近之前，井下突然有一个信号测不到了，人们十分焦急。面对四面八方来的询问，邓稼先十分明确地说："一个小问题，很快就会解决。"自1981年以来，他已担任了核武器研究院的院长，他稳得住神，军心就不会乱。其实他心里也是十分着急的。他和大家一起来到井口，这里的气温是零下三十多摄氏度，茫茫的戈壁滩上风沙呼啸。人们劝他回去，他只说了一句："我不能走。"理由是不言自明的，这样简练的语言，最能使人们明白他的心意。事故终于排除了，核试验成功了。

　　顿时搬去了心里的石头，邓稼先想喝酒，就从食堂里买来几个普通的菜，但找不到好酒，一直跟随他身边的李医生神秘地轻声说："我那里还有一瓶剑南春。"邓稼先立刻大声催

1983年5月19日在四川梓潼县九院张爱萍、陈彬、邓稼先和大家

他："快！快去拿来。"两人在帐篷里正准备开怀畅饮。这时另一个帐篷有人过来请老邓，说那里有些领导人在聚会庆功。邓稼先找不到任何理由不去，他真的不愿意去，这并不是他和那些领导人相处得不好，而是他不愿在排场的地方喝酒，就像他不愿在宴会上吃饭一样。宴会是被礼节所捆绑的聚会，是应酬，使恬淡的本性受拘束的场合。对邓稼先来说，吃饭、玩耍，尤其是喝酒的时候，第一需要就是自在。情趣盎然的自由抒发，这才是喝酒的环境。也只是在这种时候喝着酒，才能尝到酒兴的真谛。每次他自己回到北京，只有在北大朗润园和年迈的父亲一起喝酒时才有真正的酒兴。他们拿着装有茅台酒的瓷瓶摇晃着轮番放在耳边来听，以判断两个人究竟喝了多少。他们都劝对方不要再喝了，但自己却还要喝。他们谈心，谈音乐，谈外国小说，谈京剧，也谈国画，无拘无束。自在，始终是邓稼先在生活方式上的主导追求。直到他当了院长，还有时

买一块烤白薯在马路上边走边吃,他并不是为了表现自己的贫民化,他为的就是自在。但是现在的场合不同,他被叫到那边多少带有些仪式性的会餐桌上去了。试验成功使他兴奋,但同时使他精神松弛。

忽然,李医生听到那边在喊:"李大夫,快过来!"这里邓稼先已经昏倒了,脉搏摸不到,血压是零。他只喝了一口酒,就突然倒下。而在平时,他是颇有酒量的。李医生和护士全力抢救,一个钟头过去了,又是一个钟头过去了,抢救了一整夜,他才醒过来。

这次昏倒,并不是试验成功的狂喜所带来的,他已经历过许多次激动心弦的狂喜了,但从来还没有发生过这种病情。昏厥,是他长期以来疲劳过度后骤然松弛的结果。一个一生如牛负重的人,突然环境改善、松弛下来后,常常会诸病缠身。这是因陡然失去支撑困境的精神力量而垮下来的,不过,邓稼先这次昏倒的主要原因并不在这里。他在此前几年,受到放射性物质严重的伤害。那次伤害,对邓稼先是致命的。

第十章

零时之前的煎熬

原子弹起爆前的信号是倒着数的。九、八、七、六、五、四、三、二、一,起爆!这个起爆时刻,干这一行的人把它称作零时。

每一次核试验的零时之前,中国的普通老百姓是一无所知的;这一天对于他们来说和任何时候一样,是一个平平常常的日子。零时之前,对于参加试验的工作人员来说,却是抱着强烈的期待心情,盼望准时看到自己的劳动化为蘑菇状烟云升腾到湛蓝的天空,巨大的火球不断翻腾,颜色在不断变化。像巨神拿着一颗宝石在转动,五颜六色,光彩耀人。而如果是地下核试验,那就是两声闷雷似的巨响,一声来自前方的深井之下,另一声是来自背后大山的回声,惊天动地,滚滚而来。但是对于一个署名者来说，零时之前是一段特别难熬的日子。签署自己的名字对于一般人来说，不是一件难事。可是在核弹制成之后，再次检查完毕各项参数、各个部件，插好雷管，准备用飞机运去空爆或是下入深井做地下核试验之前，要有一个负责人签上自己的名字，以表明这一枚核弹已经一切搞妥当，可以点上火了。这是对祖国负责的签字，非同一般。在邓稼先生前，这副千钧重担大多数由他来挑——签字。

每次核爆零时前对于签署人的煎熬是异乎寻常的。在原理方面一点漏洞都没有了吗？好几十万个数字的计算是否都准确？那么多的零部件是否都合乎指标要求？材料性能怎么样……这一连串的问题搅着签字者的心。邓稼先在每次核爆签字之后都曾经有一小段时间全身冰凉，这样重的心理压力几乎使他坐立不安。每逢核试验前，他来到场地，表面上给人们的印象总是一副每临大事有静气的大将风度，这是为了稳住大家也是为了稳住自己。但实际上，应该说从此他就天天过着心神不宁的日子。他在帐篷里时而复核着突然想到的某一个尚无完全把握的数字，时而又愣神坐在那里，连他自己也弄不清究竟在想些什么。

零时之前对签字者的压力，一般人难以想象。对于责任心极强的邓稼先来说，几乎是一种煎熬。这种说不出来因而也就无从下手去补救的担心，终日伴随着他。邓稼先曾开玩笑似的说过，签字以后，好比把脑袋别在裤腰带上了。然而他的脑子还能正常地工作。有一次睡到半夜，他忽然想起了一个可能导致失败的因素，于是从自己的铺位上一跃而起，叫醒了几个帐篷里的人，连夜商量对策，避免了一场可能发生的事故。

准备核试验的前期，有时候他们要在马兰待上几天。马兰是为了进行核试验才盖起来的小镇子，因这里的沙漠地上有一种马兰花而得名。在李时珍的《本草纲目》上就载有这种花的名字。它的深绿色的叶子叫马兰草，通常有半厘米宽，一尺多高。花是雪青色的，当中还有一条白道，蓝白相间，组成一幅最简单的图案。在这干枯、单调的戈壁滩上见到马兰，能让人暂时得到一种生机盎然的情趣。同时也会使人产生一种联想，想到大自然似乎也有一种爱美的天性，有机会就要打扮一下。邓稼先每次在马兰小镇散步的时候，看到这种朴素的小花，就觉得自己被各种牵挂裹紧了的心能稍微放松一下。这种调剂对参试者的身心是大有好处的。

就是住在试验场地帐篷里的时候，邓稼先也要忙里偷闲。有一回，邓稼先和李医生一块到戈壁滩上去抓呱呱鸡玩。他们似乎又回到了普通人的日常生活中，充满着活力和兴趣。但他们这种梦境般的欢乐，很快就被后方传来的一个惊人消息给搅掉了。邓稼先的心好像从轻松的高处直线下坠，他浑身的肌肉好像完全僵死了。后方急报说计算结果中有个地方出现了问题，应该停止这次核试验。这不啻是晴天霹雳，猛然轰击到邓稼先头顶。他们很快乘吉普车来到竖井处。李医生发现邓稼先的脚步忙乱，怕他出差错，便飞身转到井口梯边，扶住了邓稼先。他下井检查完应该检查的一切，便回到帐篷里沉思起来。

轻易地停止核试验，问题可就大了。但如果试验出了问题，后果更不堪设想。

为了此事，邓稼先在井上井下来来回回地忙了两天两夜。这两天，由于紧张，他几乎隔一小会儿就要去一次厕所。他用各种办法去推算，从多种角度去核查，拼命想寻找出一种证据，证明能够继续试验。因为要是停止这次试验，起吊装好雷管的核弹本身就是极危险的事，何况还要卸去已拧死的螺丝钉，才能改动装置。但是可靠的证据一时寻找不到。

他又躺在了铺上，两眼望着帐篷顶子，似乎想稍稍休息一下。突然，他起身用纸笔又一次做了粗估，判明计算即使有错，误差的幅度不至于大到影响核试验的成功。最后，他得出结论并拍板：核试验可以照常进行。结果是这次试验完全成功。

研制核武器除了连续作战的疲劳和挖空心思的用脑这两样伤人身体之外，还有一个更可怕的，那便是钚239和铀235的放射性核辐射对人体的伤害，这是一个看不见的东西。在自然界中，有些物质的放射性对人是有用的，有的可以用来治病、诊断或者消毒物品、保存食品。但是，制造原子弹的核材料却是太厉害了。

自九十多年前法国科学家亨利·贝克勒尔发现放射性以来，随着物理学的深入研究，到玛丽·居里夫妇时有了一个大的飞跃，他们先用铀做放射源，又发现了钋，再发现了镭。他们制备了使放射性新科学革命化的强大的放射源，放射性的发现在造福于人类的同时也降临灾难于人类，这是无法逃避的规律。科学家们的贡献是巨大的，不过经过他们自己贡献出来的东西常常首先伤害了他们自己。例如玛丽·居里和皮埃尔·居里这对夫妇曾经受到非常奇怪的难以诊断的疾病的折磨。虽然皮埃尔死于车祸，但玛丽·居里最后死于过度辐射而引起的再生障碍性贫血。她的女婿约里奥·居里检查了玛丽·居里的实验簿，发现它们受到强烈的放射性污染。她使用过的菜谱保持放射性达50年之久。这是老一辈科学家的经历。

邓稼先要比居里夫人小57岁，相差半个多世纪。他们生活在不同的时期和不同的国度，做的工作也是不同的。但是，他们之间有共同的地方：为了事业，他们长年同放射性物质打交道。在这方面，可以说他们是为放射性辐射所伤害，最终以身殉职。邓稼先一次又一次地主持着新的核试验。他们的目的是用高、精、尖的武器来装备部队。他经常出入车间，在一段相当长的时间里他几乎天天接触放射物质，受其辐射的损伤。干这一行的人只把这种事叫作"吃剂量"。说得好轻松，丝毫不带感情。大概他们是为减轻辐射伤害对人带来的精神负担才有意这样说的。有一次开密封罐观看测试的结果，原有防护的措施挡不住新材料良好放射性能的强度，使邓稼先他们一下子受到了超出常量几百倍的辐射。这样超限度的吃剂量，后果如何，大家心里都明白，但所有的工作都照样进行下去，邓稼先自己对此并不太在意。

70年代末期，在《回顾与展望：新中国的国防科技工业》（国防工业出版社，1988年）一书中，刘柏罗写道："周总理和老帅们在1967年到1969年的多次专委会议上，曾因空投预试中常有不开伞现象而反复强调过降落伞是个严重问题，必须查明原因，认真解决。但因'文革'的干扰破坏，这个问题一直没有解决，终于导致一次核试验的失败。"

深受"文革"十年动乱破坏的军工事业，在20世纪70年代末的核试验时，一次偶然的事故出现了。飞机空投时降落伞没有打开，核弹从高空直接摔到了地上。九、八、七、六、五、四、三、二、一的倒计数之后天空没有出现蘑菇云。核弹哪里去了？知道出事故的人为此都非常揪心，因为这种事情有可能引起严重后果。指挥部立即派出一百多名防化兵到出事地点去寻找出事现场。他们来回奔跑在荒无人烟的戈壁滩上，始终没有发现核弹的痕迹。但这是一件不能不了了之的事情。人们都记得日本广岛、长崎在遭受原子弹袭击后留下的惨景。哪个国家也不能在自己本土上来这么一下。邓稼先决定亲自去找。许多同志都反对他去，基地现场指挥员陈彬将军阻挡他，出语是非常感人的。他说："老邓，你不能去，你的命比我的值钱。"邓稼先听后心中激动不已。他此时为一群生死与共的同志的真挚情感所打动，但他已不可能听这位指挥员的劝告了。

放射性钚，在大自然中的半衰期是两万四千年。如果侵入人体，就极易被骨髓所吸收。它在人体内的半衰期是200年，亦即进入体内后200年还剩一半。这就是说，它将终生伤害着"吃剂量"的人的身体，永无解除之日。仅仅1克重的钚就可以毒死100万只鸽子，由此不难想象它对人体的伤害。这一切，邓稼先当然清楚。但他没有听从好心同志的多方劝阻，决定立即上车。他心里在想："这事我不去谁去？"他平时对于别人的安全非常关心，而偏偏把自己的健康和生死置之度外。这种拧脾气，似乎是从事核武器研究之后添的"毛病"。是他后来性格变化的一个侧面。他和二机部副部长赵敬璞同行，乘坐一辆吉普车，向戈壁深处驶去。在汽车上，他们没有什么话，这并不是没话可说，而是邓稼先的脑子里在不停地思索。究竟是什么事故？有几种可能性？最坏的结果是什么？他什么都想到了。他这时还不知道是因为降落伞没有打开核弹从飞机上直摔下来的事故，偏离预定的爆心处很远。他一定得找到核弹，探明原因。车子在大戈壁上迅跑，他终于找到了。到了发生事故地区的边缘，他要汽车停下来。一下车，他坚决阻拦赵副部长和司机与他同行。最后他急了，忘掉了对领导同志应有的尊重，他大声对赵副部长喊："你们站住！你们进去也没有用，没有必要！""没有必要"这是一句只说出一半的话。如果把这句话完整地说出来，应该是"没有必要去白白地做出牺牲"。而邓稼先认为自己是有必要的。

这位五十多岁的核科学家勇敢地向着危险地区冲上去了。邓稼先把钚对人体的伤害忘得一干二净。他没有意识到自己的勇敢，更没有意识到自己的英雄行为，大概所有真正的英雄都是这样的。他完全和平时一样，只不过有一份急切而焦虑的心情。他弯着腰一步一步地走在戈壁滩上，锐利的目光四处扫视，边走边找。终于，碎弹被他找到了。高度的责任感使他在

1979年摄于新疆核试验基地的戈壁滩上。左起：邓稼先、赵敬璞

一瞬间变成了一个傻子，他竟用双手捧起了碎弹片——这个含有剧毒的危险的放射物。他立即放心了，他们最担心的后果没有出现。他的精神骤然松弛，然后拖着疲惫不堪的步子向远方的吉普车走去，他见到赵副部长的第一句话就是"平安无事"。他主动邀请赵副部长与他合影留念。至今，在邓稼先家中的相册里仍有一张只见两个头戴白帽子、身穿白色防护服，白口罩遮到眼睛下边，辨不清面貌的人站在荒无人烟的戈壁滩上的纪念照。左边的高个子就是邓稼先，右边是赵敬璞副部长。邓稼先在研制核武器这一类紧张的工作中，从来没有主动邀请别人合影。他工作起来节奏很快，匆匆忙忙。这次他要特

别留下一张纪念照,一定是内心里有另外什么想法。他遭受到极为严重的放射性钚239的辐射伤害,这将是自己身体健康的巨大转折。此次对身体的伤害是现代医学水平无法补救的。

他可以避免这次致命的伤害吗?他应该躲过这次致命的伤害吗?和他共过事的熟人,了解他的朋友在他已经逝世的许多年后,仍然对这个问题持有各自不同的看法。可是,他一定会去的,这是他世界观发展的逻辑结果。在他冲进去的时候,受到责任感化作的强烈情感所驱使,他想不到别的事情,他顾不得那么多。他脑子里只想赶快知道事故的结果,个人安危他来不及考虑。这,就是邓稼先。

几天之后,邓稼先回到北京住进医院做检查,检查结果表明,他的尿里有很强的放射性,白血球内染色体已经呈粉末状,数量虽在正常范围,但白血球的功能不好,肝脏也受损。一位医生说了实话:他几乎所有的化验指标都是不正常的。但他只对妻子说了尿不正常。许鹿希火了,跺着脚埋怨他。按道理邓稼先应该到疗养院去。受的放射性剂量这样大,疗养虽然不能解决根本问题,但对身体无疑有很大好处。可是他没有去,他离不开工作,直到他离开人世之前,他没有疗养过一天。有一天晚上,许鹿希坐在他身旁耐心地劝说,邓稼先斜倚在床上,他宽大的上身靠在厚厚的被褥垛上,两手交叉枕在脑后。他的眼睛,时而看着妻子,在听劝说,时而愣神望着墙板,在想别的。是什么想法把他的眼神拉过来,又是什么想法把他的眼神推过去的呢?许鹿希能猜得到,因为她太了解他了。

邓稼先的心在事业上,他为自己健康忧虑的落脚点也在事业上,身体是搞好事业的本钱。自从他投身祖国的原子弹、氢弹等核武器研制工作以来,我国的核武器便以很快的步伐前进。从绝对速度讲,我们的进度甚至超过了核大国。这一点令全世界惊奇:从制成原子弹到制成氢弹并放响它们,美国的间隔是七年零四个月(1945年7月—1952年11月),苏联四年(1949年8月—1953年8月),英国四年零七个月(1952年10月—1957年5月),法国八年零六个月(1960年2月—1968年8月),而我们中国只用了两年八个月(1964年10月—1967年6月)。并且研制氢弹最后一年的工作,是在十年动乱的劫难环境中完成的。

不管怎么说,解放后的新中国有一种特殊的力量,中国共产党有一种特殊的力量,这种力量,外国没有,就是在自己民族几千年的文明史上也没有见到过。这种力量能够凝聚人心、调动人力、顽强攻关、永不止息。这一股力量,创造了新中国三年恢复战争创伤的奇迹,抗美援朝胜利的奇迹,独立地研制成功原子弹、氢弹、导弹和人造卫星的奇迹。

邓稼先最终没有听从妻子的劝说。在他生命的最后几年,他醉心于新一代核武器的研究。自从那次吃了特大剂量,他的身体有了明显的变化。1980年以后,他衰老得很快,头发白了,工作疲劳也不易消除。打从小时候起,他是非常喜欢出去玩的。但这时有一次大家爬山,半路上他突然感到举步艰难,身上沁着虚汗。最后，这次郊游就半途而废了。也有时开着会突然心跳很快，他把手伸给高潮副院长，让老高帮他搭搭脉，这时他的心跳每分钟已经超过120次。有时他甚至非常怕冷。他觉出自己的身体是越来越不行了。或者退下来，争取过几年安生日子，延长一点寿命，并补偿一些对妻子和孩子所欠下的爱抚？自己也该喘息一下了。他的确感到肩上的工作担子使他过分吃力，科研攻关时要绞尽脑汁和耗尽精力；协调各部门各方面相互矛盾的要求，常常让人顾此失彼；因被别人误解和其他的伤害，令他有时感到心情沉重。他偶然间想起卢梭曾经说过的一句话："一块瓦片从房顶上落下，是有可能伤着我们的，但不及坏人蓄意掷过来的石头伤及人的心。"总之，过去这些他不甚介意的东西对他心灵的刺激比以前是稍微加重了一点。他在各方面都显出了疲劳的痕迹，身体的和心灵的。

一次，他利用散会后的一点空儿，和妻子到颐和园去。北京颐和园是他俩玩过多次的地方。园里的山山水水，从佛香阁到十七孔桥，还有湖的西岸边未经修整的野路，他们都是很熟悉的。每次游公园、逛商场、看庙会，他总是兴致勃勃，这一次也是他出的主意。那天他们原打算看菊花展览，待到他们赶去时，展览已经关门，这是晚霞斜挂西山的时候了。园内的喧嚣声随着游人慢慢离去而渐渐消失。他和许鹿希漫步走在后山的小路上。此时夕阳西照，路旁低处的土地上有星星点点的小花。两人的步子不约而同地慢下来。还没有走到最高处，邓稼先便觉得有些累了。他们在铺满秋叶的路面旁边选了一块比较干净的大石头,稼先马上坐下来。许鹿希剥了一个橘子递给他。斜阳的余晖下,万寿山此时格外安静。邓稼先吃着橘子,似乎是漫不经意地浏览着湖光山色。忽然,他轻轻地叹了一口气,喃喃地说:"多恬淡、多悠闲,要能老是过这样的生活该多好啊!"他对安静优美的大自然、对夫妻间悠闲自在的生活,流露出内心深处的一丝眷恋之情。许鹿希看着他,意识到稼先在精神上也感到了劳累。不过这种劳累,只是他精神世界中偏远的一隅。

1984年年底,邓稼先指挥了我国第六个五年计划期间的最后一次核试验,这也是他一生中最后组织指挥的一次核试验。当时的乌鲁木齐已是银装素裹。邓稼先在严寒中又一次来到罗布泊这度过一生中那短暂难熬但又异常兴奋的时日的地方。在1986年前国家进行的32次核试验中,他亲自在现场主持过15次。这一次又一次的试验都获得了圆满的成功。有人称邓稼先是福将。福将,习惯上的理解无非是老天爷保佑。15次那样复杂的核武器试验全都靠天行吗?当然不行,这只能是邓稼先本人的水平和他一丝不苟、认真负责的结果。老天爷可帮不了这样多的忙。由于常常在罗布泊基地工作,他对这一块楼兰古国旧址,产生了深厚的感情。这里特有的荒漠旷景是和他事业上取得的辉煌成就连在一起的。这年年底,他已经满60周岁了,但国家对这一次的试验有重大的期待。

第十一章

新中国的第一颗原子弹

1964年10月16日下午,中国大地一如往常。只是在我国西北新疆罗布泊这块沉寂了1600年的楼兰古国旧址,静静地矗立着一座120米高的铁塔。离开铁塔远远近近有成千上万带着不同任务的人们在观察它,观察着它的顶端上托着的那个代号596的球体——中国的第一颗原子弹。人们对这颗不寻常的炸弹寄予希望、寄予深情但同时也揪着心。不只是这些远远近近的观察者,远在数千里之外,在首都北京,中华人民共和国的总理周恩来和聂荣臻元帅一起,手执电话筒也在聚精会神地听着。他们听到的是罗布泊试验基地来的报告,以及开始倒数十、九、八、七数字的声音,只有那座铁塔仍然是一无所知地托着这样一个宝贝,不知道接下来将要发生什么事情。

1964年10月,在我国第一颗原子弹试验场合影(试爆之前)
前排坐者右起:邓稼先、陈能宽、吴际霖、李觉、刘西尧、张爱萍、朱光亚、王淦昌、彭桓武、郭永怀、程开甲、张蕴钰、王茹芝

然而远在地球另一面的情报机构,没有普通的中国人这样安稳,他们有一颗侦察卫星日夜在我国西部上空飞过,卫星上装有能拍摄地面上汽车挂的牌照号码的高分辨率摄影机。它的红外线探测仪瞬间即可将万里以外的旷野中人们点燃的篝火传到美国地下的作战室里。罗布泊试验场上布置的测试原子弹效应用的楼房、坦克、大炮、汽车、猴子、猪、羊等等,万里以外的观察者都是一目了然的。据此,他们确切地预报中国将爆炸第一颗原子弹。他们的情报以及他们的判断一丝一毫也没有错。

邓稼先是前几天才和王淦昌、彭桓武、郭永怀三位老一辈科学家一起被基地总指挥张爱萍将军派专机从北京接来的。他是"为了这件事死了也值得的人",这是六年前接受任务时他对妻子表过的态。六年来他一直是这样做着，把自己的全部心血倾注到这颗即将爆炸的小小的弹体上，他们下过的功夫是常人难以体会的。回头一看他们从头脑中调动出来的智慧连自己也觉得吃惊。中国成千的部门和几十万人的直接通力合作的结晶即将大放光芒。邓稼先对此满怀信心，因为他们一步一步地扎扎实实地走过来，稍有疑问的地方都不厌其烦地反复论证过、计算过。何况这是经过了冷试验、各种局部试验以及缩小比例的试验，应该是有把握的。但是这位如此坚信自己的科学家，在倒数阿拉伯数字的震撼下突然间紧张到了极点，他只能毫无表情地听着报数。猛然间，与一声巨大的轰鸣同时，铁塔顶端的烟云腾空而起。这一刹那，人们最期望也是最担心的伟大时刻到来了。在这一刹那，远远近近的人们的心脏跳动间歇，成千上万的工作人员分布在不同距离，差不多同时听到了轰鸣声，同时看到了上升的蘑菇状烟云。一时间所有在场的人都毫无反应，他们许多人张着嘴，先后从愣神中醒过来，多数人是到烟云形成蘑菇状大火球的时候才突然欢呼雀跃。远处观测的人们举起双手，斜着身子顺势倒在沙坡上，用两脚乱蹬着沙石。这种时刻，一切常规的鼓掌和雀跃都无法泄出胸中兴奋的激情，只有在满地石头的戈壁滩上打滚，才能稍微获得一些心理上的平衡。

　　邓稼先热泪盈眶，什么话都说不出来了，他很想痛哭一场。他和同事们六年的辛劳、煎熬都随着原子弹的烟云一块升上天空，也变成了一朵美丽的大蘑菇。他所付出的一切，都得到了超级回报。邓稼先克制着激动,努力地克制着,终于,他的理智敌不过情感的冲力,滚烫的眼泪夺眶而出。这时他胸中一股东西在翻腾着,不断地翻腾,什么也想不到,什么也来不及想,他什么话也没有说。

几千里之外,北京的周恩来总理在话筒里等待着试验结果的报告。基地总指挥张爱萍将军兴奋地大声汇报说:"原子弹爆炸试验成功了!"周总理在电话中也兴奋地说:"我代表党中央、毛主席向你们致以热烈的祝贺。我立刻到人民大会堂去!"稍后周总理又说:"原子弹爆炸非同一般,现在我们已经成功,究竟还有没有问题,要再检查核实一下。"这是毛主席的指示,也是细心的周总理一贯的工作作风。周总理又亲自通过电话了解取样分析结果,以最终准确无误地确定原子弹爆

1964年10月16日15时,我国第一颗原子弹爆炸的蘑菇云

炸成功。张爱萍将军向周总理再次报告："根据多方面的取样分析，证实确实是核爆炸，很理想，很成功！"

在周恩来总理的日程表上，当天傍晚是在人民大会堂和其他中央领导人一起，接见大型音乐舞蹈史诗《东方红》的全体演职人员。当周总理走进大厅时，等待接见的人们早已排列整齐，站成一层比一层高的队形，最前面还有一排10岁左右的小演员，坐在地板上。人们高兴地等着听周总理讲话，和周总理照相。谁也没有料到，周恩来总理满面笑容大声地向全体人员首先说的是这样几句话："今天下午3时，我国在西部地区爆炸了一颗原子弹，成功地进行了一次核试验！"

周总理将这一震惊世界的消息刚说到这里，所有在场的三千多文艺工作者先是一阵惊愕，接着便是狂热的欢呼，使劲地跺地板。无论周恩来总理怎样用两手示意大家安静，这欢呼声长时间没有被压下去。

号外是当日夜间发出的，北京街头人群如潮般地抢阅号外。同时，中央人民广播电台在10月16日22点的晚间新闻节目中，连续几次播送了《新闻公报》《中华人民共和国政府声明》和《中共中央和国务院热烈祝贺首次核试验的巨大胜利》的贺电。举国欢腾。中国有了原子弹，在国内外引起了巨大反响。中华民族的精神大振，港澳同胞及海外侨胞扬眉吐气。美籍华人赵浩生教授在国外的报纸上撰文写道：

当中国第一颗原子弹试爆成功的新闻传到海外时，中国人的惊喜和自豪是无法形容的。在海外中国人的眼中,那菌状爆炸是中华民族精神的花朵。

1964年10月16日下午3时,是一个来之不易的时刻,一个震惊世界的时刻。数年前曾经有苏联人说过"中国20年也搞不出原子弹"。包括美国中央情报局在内的有些美国人也断定中国人自己是不可能搞成原子弹的。中国爆炸原子弹之后的一段时间里,高空中的放射性云尘向东飘移。飘移的放射性云尘环绕地球无声地在世界各国面前展示了中国人民的智慧和力量,中国是不可欺侮的。放射性云尘飘过日本(10月17日),飘过阿留申群岛(10月18日),飘过太平洋北部上空(10月19日),飘过加拿大和美国西部(10月20日),烟云向东一程一程地飘过去了。中华人民共和国的国威随着烟云一圈圈地无声地飘移震惊着她的四邻及其他远处的国家,直至整个世界。

尽管美苏大国的某些人不相信年轻的中华人民共和国能靠自己的力量研制成原子弹,但他们仍时时担心着、注视着,他们并没有放松他们的警惕。当时,在国威的较量上,核武器是镇国之宝。有没有它,对于一个国家尤其是对于一个大国来说,会直接影响到军事、政治、经济、文化、内政和外交。有了原子弹,是一种看不见的巨大力量。毛泽东主席曾经一语道破天机,他说:"原子弹就是那么大的东西,没有那个东西,人家就说你不算数。那么好吧,我们就搞一点吧!"

1964年9月,新疆罗布泊的上空不时有外国的侦察卫星掠过。在中国的核武器试验迫在眉睫之际，发生了美国与苏联准备对中国采取联合行动的问题。亦即动外科手术似的从根本上消灭中国制造原子弹的能力的问题。在此之前，1963年美国的艾夫里卜·哈里曼去莫斯科时，美国总统指示他"你去诱导赫鲁晓夫说出他的愿望……"但据哈里曼报告，赫鲁晓夫低估了中国在最近的将来成为令人生畏的核威慑力量的前景，他认为中国单靠自己搞不出原子弹来。在1964年9月15日，到了卫星探出实情时，美国国务卿腊斯克等曾经商量对策，建议由国务卿与苏联驻美国大使多勃雷宁就"动外科手术"一事进行极其秘密的探讨，想把中国的核武器基地从地球上整个儿挖走。更明显地说来，是全部炸掉。国与国之间的竞争是无情的，年轻的中华人民共和国要想把腰杆真正挺起来必须拥有核武器，外国对中国爆炸原子弹的关注似乎并不亚于我们自己。

对于当时险恶的国际环境，中国人也有所觉察，并且做了相应的准备。据国防部部长、第一颗原子弹基地总指挥张爱萍将军回忆，当时是这样办的。他在1988年4月8日给许鹿希的亲笔信中写有：

鹿希同志：来函所询之事，简告如下：
记得是1962—1963年间，曾获悉肯尼迪以可能的手段破坏我兰州核燃料扩散工厂，当时中央研究对策时，有两种意见：从兰州拆迁到西南山岳地带，另一意见（是直接主管者们）是加速兰州厂建设（当时快建成了），争取尽快生产铀燃料，同时在西南择地另建一扩散厂，力争美未破坏前能拿到手铀235，到那时即使炸毁了，我已得到足够的核燃料。同时，如敌先在我生产燃料前炸毁，我还有新建厂可再生产，只不过延缓我试验时间而已。中央采取了后一意见。以后肯被刺，就未得到美采取直接破坏的消息。至于美是否与苏合谋过，我不得而知。其次，在兰州和221尽可能加强防空力量。同时，试验场区则采取大分散基区布置，而核装置要到临试验前而不过早运至试验场区，以避免不必要的损失（主要核装置）。

在1964年8、9月间，夜间常在空中看到卫星经过试验场区上空进行空间侦察。这些情况，总理是直接电话告我注意尽可能隐蔽，我也常接电话报总理，直到试验现场的一切情况，都是如此。这是一开始研制和试验前总理规定的。总理是中央专门委员会主任，亲自直接主持研制与试验工作的，我们的一切事，都是直接报告总理的。这一点，你的记忆是对的。谨此简告，如还有其他问题，请直接来信，不必客气。

张爱萍
一九八八年四月八日

在第一颗原子弹爆炸成功的当天，国外广播：1964年10月16日消息：今天最大的新闻是，在华盛顿时间早上3：00的时候，红色中国在大气层爆炸了一颗原子弹。我们的电磁和声学监听仪器已测知,而且中国已经广播了原子弹爆炸的消息。美国总统约翰逊发表了声明,目的在于平息像印度、日本和澳大利亚那些国家的惊恐。约翰逊在声明中说:"中国原子弹只是一个粗糙拙劣的装置。"但不出几天,他们就不得不改变这种说法。10月17日,白宫召开了紧急会议,会议的第一个议题是关于前一天中国的核试验。麦科恩说,在中国爆炸的可能是一个钚装置。因为如果是铀装置,表明中国有大工厂生产浓缩铀235,很快就能制成核武器。国务卿腊斯克警告别过分低估中国的能力,可能他心目中仍想着前一天总统发表的声明,腊斯克相信这次核试验将长久地增强中国的威望。美国总统约翰逊询问,世界各地人们都说些什么?美国情报局局长卡尔·罗温说了各种反应之后,特别说道,斯堪的那维亚半岛的那些国家在说现在应该接受中国参加联合国。

10月18日晚,约翰逊在全国电视演讲中说,中国的原子弹并不使我们惊奇,从单个的一次核试验到有效的核武器系统,要经过一条漫长的道路。而我们美国的力量是压倒一切的,我们将保持这种优势。

认为中国核试验放的是一枚钚239制成的原子弹,这是美国原子能委员会中的情报人员的一致猜测。因为其他四个核武器大国,在他们的第一次核试验中使用的都是钚239装置。他们以为中国如能这样已是了不起的事了。但是在捕捉到云尘并经过测试和分析之后,他们信服中国人爆炸的第一颗原子弹使用的是铀235,使用了先进的内爆型设计来爆炸裂变材料。他们承认中国的第一颗核弹比美国投在日本广岛的原子弹设计得更加完善，威力也更大一些。10月20日，他们把以上分析结果报告了美国的议会，并且忠告每一位议员，要谨慎地估计中国的力量，直至有更多的了解。印度总理尼赫鲁认为，中国核弹势力将严重降低印度在远东的地位。上述的国外反应，已由西博格（Seaborg）和洛布（Loeb）写书《逆潮流而进》，公开了一些解密的材料。由此可见，1964年10月16日的核爆炸声响已经成为中华人民共和国的外交语言了。但我们没有任何讹诈的企图，当然更不是强权政治。

世界舆论对中国原子弹爆炸成功做出了强烈的反响。香港《新晚报》1964年10月18日在"夕夕谈"栏目，以《石破天惊是此声》为标题，高度评价中国核爆成功。并且说："这是几千年来中国人最值得自豪的一天之一。"文章作者抑制不住自己兴奋的心情，高呼："1964年10月16日这几个字应该用金字记载在中国的历史上。"新加坡《阵线报》强调："中国核爆炸是改变世界形势的壮举。"香港《文汇报》用略带俏皮讥讽的口气说："亚洲有核武器，历史大翻新。"类似的反应并不止于民间，法国总统蓬皮杜1964年11月3日在法国国防机构说，中国第一颗原子弹的爆炸，改变了世界的形势和中国的地位。

改变了中国的地位，这句话毫不夸张。对这一点感受最深的就是我国的海外侨胞。他们因为过去祖国的力量不够强大，侨居国外受到有形无形的歧视，甚至是公开的侮辱。当时在南非，种族歧视非常严重，有一位开饭店的中国人平日坐公交车时，只有白种人可以坐在前排，有色人种（黑人和黄种人）只能坐后排。在1964年10月16日中国的第一颗原子弹爆炸成功之后，这位开饭店的中国老板上车后又坐在了后排，却被司机叫住，说："你们中国的原子弹爆炸成功了，你坐到前排来。"这次祖国的原子弹爆炸成功，使他们喜极而泣。香港湾仔的一位商店老板说："这是所有中国人都值得骄傲的一件事，中国人一向为外国人所小看。"广大侨胞无比兴奋，直截了当地说："站起来做中国人吧。"香港的《新闻报》载："中华民族不是次等民族，白种人第一的时代已经过去。"而香港《晨报》则以"中国人的光荣"为题，说得更加干脆痛快："中国之月亮原来也是圆的。"

　　海外在评论中特别提到中国的科学家。《新晚报》1964年10月23日报道："法国报纸评论，中国科技人员树立了值得深思的榜样。"香港《大公报》以极为钦佩兼引以为自豪的口气评价："这些知识分子以他们一丝不苟持之以恒的工作，证明了中华民族是不可低估的。"

　　为我国第一颗原子弹爆炸成功而欢呼的远远不只海外侨胞，这一声巨响，这一朵蘑菇云也得到了世界各国人民的同声赞扬。有的报纸文章的标题直接就是：《中国之光，亚洲之光》。因为在核霸权主义威胁下的各国人民有着同样的压抑感，他们因中国此举而扬眉吐气，因中国此举而信心倍增。《爪哇邮报》在社论中说：中国爆炸原子弹成功，对正在斗争中的亚、非、拉民族有很大影响，全世界人民都殷切地希望中国在核试验方面取得辉煌成就，从而导致新的力量均衡。美国黑人领袖马尔科姆·爱克斯说："这是20世纪黑色人类最大的一件事。中国核爆，帮助了美国黑人事业。"印尼和平委员会主席拉都阿米拉说得十分透彻："中国掌握的核弹为进步人类所共有。"

我国第一颗原子弹爆炸成功，其影响之深广超越了国家界限，超越了民族界限，超越了肤色界限，它的意义是难以估量的。

应该说，在邓稼先他们的一生中仅此一项贡献就堪称中国人民的特大功臣，即使不再做什么，也完全能够问心无愧地过上一辈子了。但是，1964年10月只是邓稼先今后几十次组织核弹试验的开端。他在取得巨大成就和极度疲劳的情况下，没有停下来享受工作成果和应该给他带来的待遇。他继续前行，他对成就的享受仅仅是精神上的安慰而已。他从来不去关心其他待遇。在一个接一个的新任务的压力下，邓稼先不仅忘掉自己的待遇，还忘掉了自己的家庭。在工作最紧张的时刻，他最终忘掉了自己的一切。在第一颗原子弹刚刚爆炸成功后不久，一大批科学家急切地判读着各种试验数据的时候，党委书记刁君寿同志来到了邓稼先的身边，递给他一张回北京的机票，轻声地说："你母亲病危！"

邓稼先心里往下一沉，脑子顿时就乱了。强烈的兴奋和担心母病的哀伤搅和在一起，使他多少有些心慌意乱。他立即上了等在旁边已加足油准备好的吉普车。车子在无垠的戈壁滩上昼夜奔驰。两个司机轮番开车，把邓稼先送到了乌鲁木齐机场。在飞机上，他想起了和母亲一起生活的情景，他尽是往坏处想。服务员推着小车过来问他要哪种饮料，他只是"啊，啊！"完全答不上来。他脑子里是母亲在病中的形象。

邓稼先的母亲身材不高，但长得非常秀丽。母亲和父亲同乡，都是安徽怀宁人。听母亲说，稼先的外曾祖父也是文人，因此母亲有私塾的底子。他出嫁到邓家以后，书香门第的文化熏陶自然也对她发生了潜移默化的影响。以后来到北京，她和稼先父亲的朋友们的夫人都有非常好的交往和友情。像与汤用彤先生的夫人就很要好。她心地善良，体贴别人无微不至。邓稼先小时候贪吃胀肚，母亲总要把儿子搂在怀里，替他揉肚子。一边嘴里哼唱着：

　　肚儿摸摸，百病消霍。
　　叫孩少吃，儿吃多着。

这是安庆一带家家都会唱的一首小歌，谈不上有什么曲调，近于乡音很浓的道白。稼先小时顽皮，打翻过北海茶馆大理石的桌面，母亲气极了，只是狠狠地训斥而没有舍得打他。那次在北海掉到冰洞里被捞上来，母亲特意为此去烧了香、磕了头，感谢菩萨保佑。这些事情，一次次地使母亲操心。他想到了母亲脸上许多皱纹也许就是因为自己儿时顽皮闯祸而慢慢刻下来的。他忽然感到内心的歉疚，像孩子似的埋怨自己小时

1962年摄于北京大学朗润园。前排右起：邓以蛰（父）、王淑蠲（母）；后排左起：邓志平、邓稼先、许鹿希、邓志典

的不懂事。他很爱家里的人，但格外爱自己的母亲，有几天不见"姆妈"他就非常想念她。母亲有支气管炎，哮喘得厉害。他夫妻俩曾轮流到城外北京大学宿舍去给她打盘尼西林针，他是为此而专门学会肌肉注射的。他也学会了皮下注射阿托品，给母亲治疗胃疼。记得有一年冬天，因为工作在外地，有好久没见到母亲了。他在冬天回到北京，没有休息就直奔北京大学朗润园159号，母亲就住在这里。他沿着小土坡拐过弯来，一眼望见了像亭子一样的中国式房屋，这是父母的家。

房前有一个小湖，湖中夏季长了许多荷花，到了冬天湖面的冰层上积着很厚的雪。他很喜欢踩着软雪在冰层上行走。见到家他反倒放慢了脚步，一步一个脚印地慢慢踩着白雪，欣赏着挤压冰面发出的咯吱咯吱的声音。他非常喜欢听这种声音，这里有一种在大自然中玩耍的最单纯的美。他可以无拘无束地把自己疲劳的心神平稳地安放在上面休息一下，而且还有即将见到久别后的母亲的愉快充实着他，这种美就格外地迷人了。见到母亲时，他的心马上就变成孩子的心，要亲吻母亲的面颊，要依偎在母亲的身旁，不管自己20岁还是40岁。母亲很会做菜，儿子回来，她总要做几样他喜欢吃的菜，看着儿子大口大口地吃，分享着他的愉快。

在邓稼先一幕一幕的回忆还在继续的时候，飞机已停稳在北京西郊军用机场。这是他离开罗布泊的第二天的下午。等在机场的妻子没让他回家，直接带他到了医院，进了病房。消瘦的母亲躺在病床上昏睡着，床边挂着吊瓶，正在向血管里点滴药水。他抚摸着娘的手，这手已是皮包骨头。邓稼先喊着："姆妈，我回来了，我在这儿！"娘微微睁开了双眼，已经失神，但仍然透着一丝安慰的神情。娘的手也没有力气，但仍然使他感到娘的手还在握摸他的手。娘用失神的眼睛看着他，心里有话，一定有很多的话，但是没有说出来。妈妈枕头下面压着一张红色的号外，露出了一角。妈妈的眼神好像在说："稼儿，娘生这样重的病，你不能来陪我、照顾我，娘不怪你。可是你的工作太苦太累太紧张，娘为你担心啊！"所有围在床前的亲属都没有说话，这里有的只是眼神、领悟、交流，一切都只是意会。

母亲老年时备受哮喘病的折磨。在母亲年迈体弱多病最需要他照顾的时候,他却长年在西北高原或者戈壁滩上。母亲因为哮喘肺炎发展到肺不张,手术也没有使娘的病好转。娘弥留不去,一定是等着见他一面。从来人们都是这样说,事实果真也是这样。娘终于安稳地永远睡着了,邓稼先陷入了难以抑制的悲恸之中,这是他一生难过到极点的时刻。

第十二章

再接再厉攻克氢弹

事实上,早在1964年10月16日中国爆炸第一颗原子弹之前的一年,即1963年9月,邓稼先他们就已奉命转向更高的目标了。若从1959年7月"自己动手、从头摸起"到1962年9月在罗瑞卿副总理主持下二机部向中央打报告,提出争取在1964年或1965年爆炸第一颗原子弹,立下两年规划的军令状算起,原子弹的理论总体设计工作实际不到四年就已经全部完成。从开始探索到拿出方案,他们攻关之神速使懂得其中奥秘的人瞠目结舌。以如此飞快的速度马不停蹄地驰行在重重难关的尖端科学之路上,几乎可以称为人类历史上的一个奇迹。在科学发达的美国也没有这种连续作战,他们的原子弹、氢弹,直到后来的中子弹都是不同的科学家在那里搞研究;而在我们国家却是同一批人在连续攻关。

1963年9月，聂荣臻元帅下令让邓稼先领导的九院理论部研制原子弹的全班人马，转去承担中国第一颗氢弹的理论设计任务。因此我国第一颗氢弹的代号就叫作639。在美国人写的书中也详述了此过程，摘引在此：

> Immediately after the atomic bomb design group at the Ninth Academy had finished its long work on weapon 596 in September 1963, NieRongzhen ordered its members to stay together and shift to fashioning a thermonuclear device. In Qinghai, the Theoretical Department (led by Deng Jiaxian) assumed the principal burden of designing China's first thermonuclear weapons, as it had in the last stages of designing the atomic bomb. (*China Builds the Bomb*, STANFORD UNIVERSITY PRESS, USA, 1988)

> 九院的原子弹设计小组于1963年9月结束了596号武器的长期研究工作之后，聂荣臻立即下令，让其成员原封不动地转移到热核装置的制造上去。在青海，理论部（由邓稼先领导）承担了设计中国第一颗热核武器的重要任务，因为当时理论部处于原子弹设计的最后阶段。(《中国制造原子弹》，美国斯坦福大学出版社，1988）

以后，在1965年，又从原子能所调进了于敏等一批科研骨干力量到九院理论部来工作。

第十二章　再接再厉攻克氢弹

氢弹不是常人所想象的那样，在制造原子弹的基础上提高一步就行了。这是与实际情况差得太远的想法。从最基本的科学原理来看，原子弹是靠原子核一连串的裂变，由此释放出巨大的能量，叫作核裂变。而氢弹则刚好相反，它是把两个原子核聚合成一个原子核，在聚合的同时放出巨大的能量，叫作核聚变。一个是裂变，一个是聚变，也就是说一个是打碎而一个是合并，所以制造原子弹和制造氢弹是根本不同的。从基本原子结构式来看，氢原子核只有一个质子，带正电；核外只有一个电子，带负电。氘是氢的同位素，不同点是其原子核内有一个质子和一个中子，因此重量是氢的两倍，氚也是氢的同位素，但它的原子核里有一个质子和两个中子，因此重量是氢的三倍。氘和氚在一定条件下可以产生核聚变，形成另一个元素氦，同时放出一个中子和放出巨大的能量来。这个一定的条件是什么呢？人们抬头就见到天上的太阳，太阳为什么那样热、那样亮？就是因为它是核聚变反应的结果。可是在我们的地球上，怎样才能有像太阳那般高温的大火球来使氘核、氚核聚变成一个核呢？有，就是原子弹。在原子弹爆炸的一瞬间所产生的高温，足以达到这个条件。打个通俗的比方，点燃香烟要用火柴，点燃氢弹要用原子弹。这就是为什么必须先造出原子弹来才可能有氢弹的缘故。

在1964年5月和1965年1月，毛泽东主席在谈到核武器发展的问题时，明确指出：原子弹要有，氢弹也要快。

邓稼先领导理论部的科学家们又是夜以继日地工作着，摸索氢弹理论设计方案。他们绞尽脑汁想出各种点子、奇招和谁也不知道是对还是错的办法。把这比喻成在茫茫黑夜的大海中捞几根绣花针，那是一点都不为过的。然后他们从中选择和归纳，由邓稼先主持下决心拿出几个初步方案来。我国第一颗原子弹爆炸成功之后，理论部的工作重心转移到突破氢弹原理上面。在彭桓武、邓稼先的领导下，科技人员兵分三路，分别由黄祖洽、周光召、于敏三位领导，分头上计算机去实际运算研制氢弹的可能途径[1]。其中由邓稼先的老伙伴、理论部副主任于敏率领的研究组，在1965年9月去上海，利用那里的高性能计算机进行计算和探索。在于敏的指导下，几个青年科技学者终于见到了一束智慧之光，这束光如此巧妙闪烁，好似仙女不断眨动着的亮亮的眼睛，显示有可能拽住了研制氢弹的"牛鼻子"。于敏马上通知了在青海正全面掌握着各路进程的邓稼先。邓稼先立即集中力量，组织理论部进行讨论和验算，集思广益，使氢弹理论设计方案趋于完善。随即邓稼先带了一帮人飞往上海。一到上海，没顾上休息，邓稼先和于敏带着他们的助手在计算所就开始了紧张的连轴转的工作。晚上，他们多是在机房地板上和衣而卧，有时是通宵不闭眼。他们要攻克科学上的一道道难关，没有这种精神是不可想象的，尽管人们公认他们是从聪明人里头挑选出来的聪明人。邓稼先组织大家分摊难点寻找解决问题的入口处，终于形成了一个有充分论证根据

---

[1] 摘自《物理》月刊38卷5期，2009年5月12日出版。

的方案。后来,外国人称之为研制氢弹的"邓—于理论方案"诞生了。其后,又在设计实验、生产试验等与各地各方面通力合作,以最快的速度完成了氢弹的核试验。

外国人写在书里的原文是:

The design group's principal work on the H-bomb took fourteen months. At first, the research calculations and experiments at the Qinghai Ninth Academy and elsewhere were centered on the possible designs for the hydrogen bomb's igniter as a first step in understanding the entire detonation process. In round-the-clock shifts, scientists under Deng Jiaxian worked out the theoretical basis for the most promising plans by the end of 1965, when the Chinese discovered some key points relating to the internal causes and external requirements for burning thermonuclear materials. This discovery hinged on the successful completion of extensive calculations and required the use of China's best computing facilities. Some time in late September 1965, the academy sent Yu Min, the deputy director of the Theoretical Department, to Shanghai to make these calculations, and within about two months he cabled Qinghai that he had "found a shortcut" to the super weapon. This optimistic report prompted Deng Jiaxian to join Yu in Shanghai, where he confirmed Yu's findings. The two then discussed their results with ministry officials......(*China Builds the Bomb*, STANDFORD UNIVERSITY PRESS.USA,1988)

设计小组在氢弹上的主要工作花费了14个月的时间。首先，青海九院和其他单位的研究计算和实验集中在氢弹引爆器的可能设计方案上，以此作为理解整个爆轰过程的第一步。科学家们在邓稼先的领导下夜以继日地工作着，到1965年年底，提出了最有希望的方案的理论基础，当时中国已经发现了"有关热核材料燃烧的内在原因和外部要求的一些关键问题"。这一发现依赖于成功地进行大量的计算，要求使用中国最好的计算设备。1965年9月底的某日，九院派理论部副主任于敏去上海进行这些计算。大约过了两个月的时间，他给青海发电报说，他已经"发现了"通向超级武器的"捷径"。这份令人充满信心的报告催促邓稼先去上海找于敏。在那儿，他肯定了于敏的发现。而后，两人与部里领导一起讨论了他们的结果。（《中国制造原子弹》，美国斯坦福大学出版社，1988）

秋天的上海，雨后已带有一丝凉意。有一天，邓稼先和于敏等人走在河边的马路上，四周草润花香，比起干寒缺氧的西北高原，这是一处幽雅宜人的所在。因为有喜事在心，他们格外感觉到江南的秀美。本来大家议论说要于敏请客，但是于敏的脑子来得快，抢着说："谁的工资高谁请客，这是老规矩。"邓稼先笑了，并不推辞。请客也是一种发泄情绪的方法，把喜悦宣泄出去一部分，人才能保持平衡。晚上，他们美美地在馆子里吃了一顿螃蟹。

邓稼先和于敏把这个方案向二机部领导报告了,刘西尧副部长支持他们立即做冷试验,不久后进行的几次冷试验证明了"邓—于方案"的正确。于是结束分兵探索,集中全部力量按照"邓—于方案"进行。周恩来总理领导的中央专委决定进行两次热试验。第一次是在1966年5月9日我国第三次核试验,用轰-6中程轰炸机空投一枚核弹,它是一枚20万吨—30万吨当量的铀235原子弹,含有热核材料锂-6,目的在于验证解决制造氢弹的热核材料铀—锂,并取得成功。第二次是1966年12月28日在罗布泊进行的我国第五次核试验,检验了热核爆炸的基本原理,用的是一枚30万吨—50万吨当量的铀—锂核弹,又获得

1966年10月1日,在天安门城楼上,国庆节观礼。(张爱萍将军摄影)
左起:钱学森、邓稼先、朱光亚

成功。这两次热核爆炸试验证明了"邓—于理论方案"是正确的。因此,15人的中央专门委员会决定直接进行多级热核弹的试验。终于在1967年6月17日爆炸成功了我国第一颗氢弹。对于这个过程,外国人在上面的一段文字之后继续写下了:

The two then discussed their results with ministry officials and convinced Vice-Minister Liu Xiyao to order a battery of 'cold tests'. in a test on May 9, 1966, when a Hong 6 medium bomber dropped a 200 - 300 -kiloton uranium device that contained lithium - 6.This test focused on the performance of the thermonuclear materials, and on December 28, 1966, a follow-on test examined the 'fundamentals of a thermonuclear explosion' in a 300 -500-kiloton uranium-lithium device. The two detonations proved the validity of the Deng……Yu 'theoretical plan', and with their success, the Fifteen-Member Special Commission decided to proceed directly to the testing of a multistage thermonuclear bomb, a three-mega ton device, on June 17, 1967. (*China Builds the Bomb*, STANFORD UNIVERSITY PRESS,USA, 1988)

两人与部里领导一起讨论了他们的结果,并说服刘西尧副部长(当时是常务副部长)给"冷试验"连队下命令。1966年5月9日,轰-6中程轰炸机空投含有锂-6的20万吨—30万吨TNT爆炸当量的铀装置进行的实验,证明"加强型装置"是可行的。这次试验主要是解决热核材料的性能问题,而后在1966年12月28日进行的试验,检验了"热核爆炸的基本原理",使用的是30万吨—50万吨当量的铀-锂装置。这两次爆炸证明了"邓-于理论方案"是正确的。因试验成功,所以15人专门委员会决定直接进行多级热核弹的试验,终于在1967年6月17日进行了300万吨当量的热核装置试验。(《中国制造原子弹》,美国斯坦福大学出版社,1988)

而这个时候,距离我国第一颗原子弹爆炸成功仅仅两年零八个月(1964年10月—1967年6月)。中华人民共和国又创造了一个奇迹,她从制成原子弹到制成氢弹的时间差比世界上其他核大国要短得多。换句话说,她在此项科研攻关上显示出来的力量之强至少是丝毫不亚于外国人的。

1967年6月17日8时许,我国第一颗氢弹蘑菇云

1967年摄于新疆核试验场区,地面上有枯干千年的树木
右起:刘柏罗、邓稼先、警卫员、郭永怀、彭桓武、王淦昌

然而就在这个时候,发生了"文化大革命"。这一场浩劫的到来使他们已经看见的光明被蒙上一层厚厚的阴云。邓稼先受到的冲击是先从家里开始的。1966年,那时候由于党内被诬陷为有一个资产阶级司令部,曾经为老百姓办过许多好事的北京市委垮了台,成了所谓的黑帮。跟着北京各大学的党委全部被解散,书记们都成了"黑帮分子"或"走资派"。邓稼先的妻子许鹿希当时是北京医学院的讲师,但是也同时担任着一个系的党总支委员会书记的职务。在劫难逃,她很快便遭受到那些叫嚷着"踢开党委闹革命"的人的折磨。不久,他们心爱的女儿也被下放到了内蒙古建设兵团。她那时还不满15岁,便离开父母的关照而孤身"出塞"了。到兵团去,固然也能得到锻炼,但对于14岁的女孩子来说毕竟过早了一点。她去的内蒙古草原一切方面都和北京的环境差别极大,这不能不使父母揪

心。邓稼先对此也无可奈何！一次，稼先从基地回到北京，妻子和女儿都不在家里，他把住在爷爷家里的儿子接回，爷儿俩没有什么去处，只好站在平时极目远眺一抒情怀的晒台上换换空气，不过心里是很沉闷的。他一家四口人，分别待在四个地方。不能说这些事不分他的神，不碰撞他的心。任何人都免不了要受影响的，何况对于他这个一生都最重感情的人呢！这一切带来的烦恼和沉重的心情，邓稼先终于还是摆脱了。因为他从事的充满了希望的氢弹研制工作受阻是压在他心上更沉重更有分量的东西。

不久以后，作为中国国防的重要基地也和当时中国其他地方一样，未能逃脱十年动乱的劫难，九院也失去了安定的工作环境。人们成立了群众组织，分成几派互相对吵、对打。研制氢弹要做的各种工作都因此而停顿下来。邓稼先，这个曾被看作书呆子的科学家，在复杂环境下显示出了他的才略，他挺身出来说服对立的两派群众组织携起手来为制造氢弹出力。这时，他灵活机智地处理问题的能力几乎像个政治家。尽管他以前根本不把心思用在这些方面，可一旦形势有此需要，他对这些问题也很会应对。他向两派群众分头游说："要加快速度，我国的第一颗氢弹要抢在法国人之前爆炸！这是周总理同意的。"当时，这是能打动有爱国热情的群众之心的口号。他的游说工作之所以能产生效果，还因为他在群众中，在科技人员、干部和工人中都有很好的"人缘"，这是他的威望，群众信服他，尊敬他。在混乱中，人们动手干起科研来了，并且把

"抢在法国人之前爆炸第一颗氢弹"当成了口号,以鼓舞干劲。这同样是一个奇迹。不是亲身经历过"文革"的派性对立环境的人,很难体会到对立的、无休止地叫骂的两派能在科研工作上这样快地配合起来一块儿干是一件多么困难的事。

邓稼先他们不顾一切地忙碌着,并且在困难的环境里取得了极为显著的成果。制造氢弹的工作节节进展,终于在1967年6月17日,我国第一颗氢弹的火球升腾在罗布泊的上空。这颗高挂在天空的金红色大火球使离爆心点400米处的钢板熔化,水泥构件的表面变为玻璃体,14公里外的砖房被吹散。当地的维吾尔族老人说:"不得了!新疆出了两个太阳!"

但是,制造第二个太阳的功臣们也未能逃脱"文革"的冲击。氢弹爆炸成功,邓稼先早已遭到的家庭劫难所带来的痛苦,似乎此时才一点一点地浸入他的心中。他因汇报成果回到北京,见到被红卫兵、造反派反复折磨的妻子。她已是一个失去往日的神采而瘦弱不堪的女子,不健康的脸色和瘦下来的面颊透着倦容,使她不像一个将近40岁的中年人。邓稼先的心里一阵酸楚,却又无能为力。

一桩桩不幸的事降临到邓稼先头上。1968年,三姐邓茂先突然含冤而死。邓稼先有一个最大的姐姐很小就去世了。他的大姐邓仲先实际上是二姐。但因为排行的大姐早逝,他们就习惯地叫仲先为大姐。但是不知什么原因,三姐茂先却仍然被称为三姐。三姐小时候是一位天真淳朴美丽的姑娘,一天到晚无忧无虑,生活中很顺利,没有受过多少磨炼,遇有劫难便难以承受。"文革"时，三姐夫被诬陷受迫害，使三姐这位齐白石老人的学生，喜好作画而不善说话的女子应付不了造反派的粗暴，在精神上乱了方寸。一天夜里因忘记开窗而致煤气中毒不幸逝世。在邓稼先早年去美国留学之前，三姐多次带他上街去买衣物，连他在船上用的牙膏都准备好。解放后，三姐去捷克回来，特意给他带来许许多多的洋玩意儿，他比三姐小8岁，在三姐的心目中永远是一个小弟弟。他见到三姐，也常常像小孩那样去亲吻她。现在，亲爱、漂亮的三姐突然就这样离去，他经受不住这种打击。三姐从捷克给他带来的那件浅黄色尼龙衬衣，今后他永远不会再穿了。

女儿长得很像邓稼先。他非常喜欢她。但她在不到15岁的时候，就到内蒙古乌拉特前旗、乌梁素海边。女儿在那里生活很艰苦，连队的粮食吃完了，他们曾连续吃一个星期的野菜糠窝头，干的却是挖水渠的重体力活。邓稼先在青海每当看见牧民们尾随着成群的牛羊从身边走过，就会想起女儿，因为她现在也在牧区，说不定也有一群牛羊被牧羊人驱赶着从她身边走过。但是她在其他方面都和自己这个做爸爸的不能比，她吃、住都差，而且还只有15岁。终于，他有一个出差的机会顺路去看望了一次女儿。女儿比以前懂事了，但是原先粗黑浓密的头发变得细而发黄，吃起他带去的肉罐头时狼吞虎咽。他就这样一直看着女儿把东西吃完，他忍受着心里的折磨，享受着这带着酸楚的会面。

不仅是家庭，厄运也开始降临到曾经作为保护对象的研制核武器的功臣们身上了。这个尖端机密研究院的一些高级专家和科研人员,被集中到青海一个基地办学习班。借口是他们的小试验中有三次在技术上没有测得预估指标。林彪集团的某些人一口咬定这是理论部里的反动学术权威在作祟,或者说干脆就是有反革命在搞破坏。他们敲着桌子对邓稼先喊着:"理论部冰冻三尺非一日之寒!"由于这次未达到指标的试验代号是515,他们就得意地摆出居高临下的姿态说:"要抓515,先抓516。"他们组织不明真相的工人群众来批判和围攻这些专家。科学家的自由圈一步一步地在缩小。有一段时间,他们只能待在指定的房子里不能随便出去。看管最严的时候,门外有人守着,吃饭时由别人送进来,甚至连上厕所都有人盯着。但是,真正的压力不在这里,大科学家们不是政治盲。他们心里很清楚,只要说一句违心的话,他们自己可能解脱,但是比自己生命更重要的事业和许多好同事都将被毁掉。邓稼先顽强地顶着,他和于敏等天天商量对策。一方面是实事求是,在技术问题上毫不改口;另一方面在小问题上采取灵活的态度,在与核武器设计无关的小变动上,可以满足他们的要求。但关键之处是绝不退让的。此外,邓稼先不顾自身的危难,向工人群众反复讲明核试验的意义。每次小的试验可能成功也可能不成功,科学试验是允许失败的,失败了找到原因再改进,这就是失败是成功之母的道理。只有这样做,才能不断前进,不断提高。他的坦率态度和忠诚于事业的心胸终于打动了一些工人,使他们转变了态度,从一味地围攻批判转到允许继续进行科学试验和办学习班同时进行。

就在这个时候,还有一件不大不小的事情出来了。有位姓刘的女同志也在这里被办学习班,她忽然呕吐了,开始以为是高原反应,后来查出是怀孕,她想回北京家中,但是领导学习班的人不准假。已经自身难保的邓稼先此时毕竟还有他的职务和一点点指挥科研的权力,他果断地让这位刘同志回北京,他说:"我给你开条子。"就这样,小刘乘坐在卡车的驾驶室中离开了青海221基地。在车上她心里涌起一阵阵说不出来的感动,这情感把她的眼泪推出了眼眶。她明白老邓的处境也相当险恶,在这种时候不顾自身去为一个没有深交的同志承担那份不小的风险,一般人是不会干的。老邓是个平时胆小谨慎但为事业为别人的事胆子非常大的人,他对于和他共事的好同志都有很诚挚的同情心。小刘终于安全地回到北京,顺利生下一个

1975年2月,摄于北京地安门家中
前坐右起:许德珩、劳君展
后排右起:邓志典、邓稼先、邓志平、许鹿希、许苏苏、齐淑文、许进、许中明

女儿。在邓稼先逝世的那年，孩子16岁。

1971年夏天，批判、围攻加剧，邓稼先等人的处境越来越险恶了，他们沉着地应付一切。事有凑巧，似乎苍天有眼，就在这个时候邓稼先的老朋友杨振宁从美国经巴黎飞抵上海，首次回国探亲访问。下飞机后，他开列了朋友名单，要见的第一个人就是邓稼先。名单上报中央，邓稼先立即被周总理召回北京见客。妻子见到受围攻已久的邓稼先时心里一咯噔，以往的稼先身高体大，两眼炯炯有神，像一个光华四射的豪杰；而眼前的稼先穿着一身旧灰制服和一双绿色的军便鞋，失去了往日的光彩，看上去心事重重。不久，林彪在温都尔汗机毁人亡，九院这批中国宝贵的科学家们的厄运才就此中止。

邓稼先及其一家在十年浩劫的头几年中，打击不能算小，但他性格的弹性强，一旦打击过去，很快便能一如既往，恢复常态。他从不灰心，更不会看破红尘，只要环境略有改善，他便去争取实现他的工作计划，向既定的目标前进。他对待挫折所带来的损失从来不停留于后悔、感叹、自寻烦恼的境地。而是损失的东西一定要想办法补回。用一切办法补救损失是他坚强性格的闪光之处。

1973年5月2日，邓稼先的父亲邓以蛰教授因病逝世。父亲在81岁高龄去世，一生平稳幸福。追悼会后，邓稼先作为长子，他低头用双手捧着父亲的骨灰盒，在家属行列最前面，稳步走向骨灰安放室。至此，他先后送走了在品质和学识上培养他成才并曾给予他以厚爱的父母双亲。人类就是这样一代一代地延续，下一代从上一代那里汲取营养。

1976年1月，邓稼先奔赴大西北去进行又一次核试验。列车穿行在黄土高原上。突然车厢里的播音器响起了哀乐，因为这种事不算罕见，开始大家并不很在意。但是当乘客们听到播音员用"沉痛地宣告"：几个字的时候，大家都静了下来。讣告念得很慢：中国共产党中央委员会委员、中央政治局委员、中央政治局常委……每个职务之间停顿的时间比较长，让人们的紧张心情一个台阶一个台阶地升上去。最后是中华人民共和国国务院总理周恩来……邓稼先压不住从心里涌上来的惊愕和悲痛，一下子痛哭失声。

邓稼先想到了他初次见到周总理的情景。在一次核试验前，他去向周总理汇报。他有点紧张，说起话来有点哆嗦。周总理笑了，他说："稼先同志，我们都是上了年纪的人，有高血压，你这么一哆嗦，就把我们的血压给哆嗦上去了。"听了这话，邓稼先马上就放松下来，整个会议室的气氛也轻快了。

曹应旺同志在《周恩来和邓稼先》一文中这样写道："在研制原子弹、氢弹中，邓稼先经常出入中南海和人民大会堂，多次向周总理汇报工作，多次当面接受周总理的决定或命令。"

邓稼先想起了1965年5月30日周总理主持的那场"庆功酒会"。1964年10月16日，我国第一颗原子弹爆炸成功。不到8个月，1965年5月14日，我国成功地进行了第一次由飞机投掷的原子弹空中爆炸试验，这标志着中国有了可用于实战的核武器。核航弹空爆试验成功之后,周总理派专机去西北,把参加首次原子弹爆炸试验和这次核航弹空爆试验的核武器研制和试验部门的负责人、科学家、技术专家及投弹机组的代表接到北京。5月30日,邓稼先等人一进入人民大会堂,就受到周恩来、林彪、邓小平、陈毅、贺龙、聂荣臻、罗瑞卿等中央领导人以及国务院和总部有关负责人的热烈欢迎。周总理一边和大家握手,一边歉疚地说:"大家辛苦了。去年10月,本来应该和大家见面的,因为忙,延迟到现在,真对不起。这次空爆成功,计划圆满完成,老总们很高兴,都要来见见有功之臣。"老帅们朗朗笑道:"是来喝庆功酒啊!"

1965年5月30日,周恩来总理在人民大会堂主持庆功酒会。庆祝1964年10月16日我国第一颗原子弹爆炸成功和1965年5月14日第一次用飞机投掷、在空中爆炸的原子弹成功。
前排:邓稼先(左2)、刘杰(左3)、张爱萍(左5)、罗瑞卿(左7)、彭桓武(左8)、聂荣臻(左9)、贺龙(左10)、张蕴钰(左11)、邓小平(左12)、王淦昌(左13)、周恩来(左14)、李先念(左17)、薄一波(左18)、程开甲(左19)、赵尔陆(左20)、杨成武(左24)

第十三章
二代轻舟立新功

邓稼先十分清楚核武器的发展状况。超级大国的核武器是随着他们整个科技进步而以很快的速度在发展的。美国人已经先后进行了900多次爆炸试验了，到了20世纪70年代末和80年代初，美国总统又命令恢复发展生产中子弹。人们在口头上也常笼统地把它归入第二代核武器或新的核武器之中。

依据美国Journal of Civil Defense1977，9-10，P20-21（防空学报，1977年9卷10期第20-21页）上，由凯文·基尔帕特里克撰写的一篇题目为《中子弹的作用》的科学论文（*Kevin Kilpatrick: The Neutron Bomb*）得知：中子弹是一种中子流大量增加的武器，高能中子的穿透能力非常强，大于伽马射线。实际上有人把中子弹看成是一种微型氢弹，其裂变作用和聚变爆炸都产生中子。中子弹的"瞬发"辐射作用是主要的，即中子流加上伽马射线是主要的，比一般炸弹高出十倍。冲击波的作用虽然仍旧有效，但比较次要。如果中子弹在高空爆炸，好比在20层楼以上的高处爆炸，则冲击波对物质的损害作用就更小了。它没有明显的放射性沉降，产生辐射也很少，因此它比较干净。中子弹能在对物质破坏力较弱的情况下保持对生物的杀伤力。

英文原文：The neutron bomb is a weapon which leads to a greatly increased neutron flux. Neutrons of high energy are as indicated by shielding requirements more penetrating than gamma rays. And the neutron bomb is in fact a mini—H—bomb. Both the fission trigger and the fusion bang produce neutrons. It is claimed that a neutron bomb——because of secret research and development——increases its prompt radiation pattern (neutron flux + gamma rays) by a factor of ten over what a "normal" bomb would produce. It means that the "prompt" radioactive role of the neutron bomb is the predominant one. The role of blast is still significant but minor. And that role can be further deemphasized by exploding the neutron bomb at somewhat higher altitudes. Very little damage to property. No significant fallout and very little induced radiation. A tremendous amount of instant super-penetration radiation.

如果做形象的比喻，可以想象成一大群坦克车和装甲车被中子弹袭击后，车子仍然完好无损，而车内所有的活人都被消灭了。这就是中子弹最特别的地方。因此，凯文·基尔帕特里克在文章中说，中子弹是一种防御进犯敌人的最理想的武器。（英文原文：The neutron bomb is an ideal weapon of defense against an invading army.）

核武器在世界政治局势中的威慑作用是不言而喻的。一个核科学家，在核武器研制方面，必须使祖国站在世界的最前沿，否则就谈不上有强大的国防威力，科学家深切地感到肩上担负着的责任。

邓稼先在生命的最后几年，醉心于新一代核武器的研究。

1984年年底，距离邓稼先辞世仅有一年半时间。他此时身体极度虚弱，按道理说无论如何也应该好好休息一下了。但是不行，他必须坚持。他们为此付出了极大的努力，国家对于这次核试验有重大的期待。他更多的是闭目养神，以储存精力应付不寻常的新试验。

他坐在飞机的边座上，不时侧目俯视机身下棉花似的白云，陷入沉思。飞机停稳，他略一低头走出机舱。啊！白茫茫的一片，好漂亮。此时的乌鲁木齐已是银装素裹。不久，他们吸着雪层上寒冷、清新的空气来到了马兰。

马兰是为核试验而建的一个小镇子。以前邓稼先一次又一次地来到这个地方，都不甚在意。这一次来，他在稍事休息之后，无意中一个人就走出去了。他想随便散散步。

马兰花自由自在地开着,其意似乎可以随人们心情去自由猜测和领悟。邓稼先随手摘下一朵,慢步走着。它好像是行将到来的壮举的反衬,又像是他此次特殊内心体验的一份点缀。

工作要求很紧,由不得他那样自在。邓稼先很快便像往常一样忙着安排工作,检查工作。他从支在戈壁滩上的帐篷处往试验场地走去,步履艰难,几乎近于爬行。他只好要求走在前面的两个人架自己一下。最后,气喘吁吁的邓稼先趴伏在两位同志的肩上到达目的地。这些天来,他天天拉肚子,别人认为是水土不服,但只有他自己和少数人知道他天天便血。副院长高潮提醒他:"要注意,怕不单纯是痔疮吧?""嗨,先把工作忙完再说。"邓稼先岔开话题,他当然早就想到可能是什么不治之症。自从那次"吃大剂量"以后,他就常常注意着自己身体有什么异样的变化。有一次胳膊上长了一个小肉瘤,他还问过李医生,这东西没有什么问题吧?他不是不注意疾病的征候,但他从不大惊小怪。他要争抢的是时间,是工作上的新台阶。

此次试验,工作人员照常测试中子流、冲击波、放射性沉降等各种指标,但他们也感到一些测试要求上的不同。

进行核试验的那一天,他和于敏等人坐在指挥车里,守候在基地的前沿。他们两人相识既久、又相处极好。别人都说他们两人是一个身子上长着的两个脑袋。邓稼先是个胖子,于敏因用脑过度头发过早就脱落了。基地的人们常说,一个胖子和一个秃子紧忙活一阵子,就要响了。他们在一起向来是有说有笑的。时而探讨高深的物理学问题,时而开起玩笑来互相打趣。但是今天两人坐在指挥车里谁也没说一句话，因为他们心里都在牵挂着一件大事。

一声巨响，远远的那座心形的荒山颤动了几下，又晃了晃，使人担心这山仿佛要被震碎似的。"地动山摇"，似乎从来都是一种形容，这回大家亲眼看到了。山颤打破了大地的平静，一团团黄色尘土在地颤的同时冉冉升起，自然地联成一把伞帐，再柔和地飘落下来，轻轻地覆罩在地面上。眼前的这一座山罩上一层黄色的新土，与原先完全不同了。

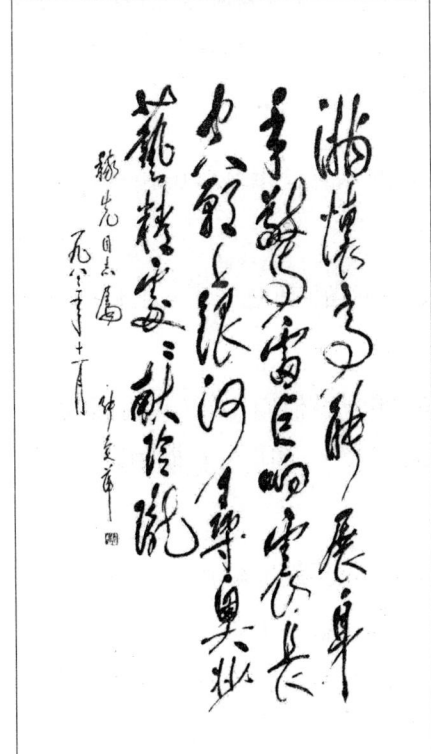

满怀高能展身手，惊雷巨响震长空。
愿上银河寻奥妙，艺精处处献玲珑。
稼先同志属　张爱萍1983年11月
（张爱萍将军手迹）

1984年10月16日,庆祝第一颗原子弹爆炸成功20周年,摄于聂荣臻家中
前坐右起:陈彬、邓稼先、聂荣臻、张爱萍、朱光亚

　　此时,邓稼先和于敏、高潮等人在指挥车内焦急地等待着,等待副院长胡仁宇的到来。

　　忙得忘记刮络腮胡子的胡仁宇飞步跑过来了,他们的直感都肯定是好消息。

　　"那个尖尖有没有"邓稼先和于敏他们几个人同时高喊。

　　"有,有,尖得很高,很清楚。"胡仁宇把照相底片高举在手中,使劲地摇晃着。

　　他们接过底片一看,高兴得简直要跳起来了,尖尖很高。

　　中子点火正常,燃烧正常,核试验成功了。

　　刘西尧副部长在1984年为这次核试验写过一首诗。原文如下:

> 二十年前春雷响，今朝聚会盼新雷。
> 喜闻戈壁传捷报，敬贺老邓立新功。

邓稼先的这一新功很不一般，这是他一生事业上的第三座里程碑。但是，月圆之后，紧跟着月缺，邓稼先带着第二代核武器伸手可及的喜悦，与罗布泊永别了。

在《人民日报》1986年8月4日刊登的题为《邓稼先对祖国的贡献永垂史册》的悼词中，也载有：

> 从原子弹、氢弹原理的突破和试验成功及其武器化，到新的核武器的重大原理突破和研制试验，他都作出了重大贡献。

短短的几行文字概要地记载了邓稼先生前的三个里程碑。

在中国社会科学出版社1987年出版的《当代中国的核工业》一书中，也载有：

> 1984年12月9日，中国进行了第三十二次核试验（地下试验）。

在他辞世三年之后，即1989年7月，我国政府仍然为这次核试验成功而给予邓稼先以国家科学技术进步奖特等奖，奖项为："核武器的重大突破"，证书号为：89—KG2—T—01—02。奖金人民币壹仟元。他的家属把奖金捐赠给了九院的邓稼先青年科技奖励基金。

第十四章
故地重寻

进入80年代以后，邓稼先是在争分夺秒地干工作。但同时也常常有一种很深的情感在撞击着他的心灵。他似乎隐隐地闪现出对于自己熟悉的一切将要离别的前兆。在紧张工作的空闲，他比以前想到亲人的时候多起来。妻子，在婚后仅仅5年，就替他挑起了全部家务的重担。现在为他的身体几乎终日提心吊胆。许鹿希是学医的，专长是神经解剖学，自己的身体状况不可能瞒得住她。儿子已经二十多岁了，有自己的主见和看法，他们之间在有些问题上常发生争执，女儿离得太远，很难见到，他常常想念她。还有带着自己一路颠簸到大后方昆明去的大姐，长年替一家操劳，现在年近古稀。但是，邓稼先最浓的眷恋仍是他的工作。包括他在工作中接触过的一砖一瓦、一草一木。

在一次核试验的空隙,他莫名其妙地非要去看一看托着第一颗原子弹爆炸的铁塔。他乘车来到了当年的试验区,他要一个人去,李医生坚持要陪他一块走。他俩就在这荒漠的戈壁滩上、古代的海底,中国第一颗核弹试验区中漫步。这杳无人烟的大戈壁,一望无际。这片神秘荒漠的国土,当年曾是丝绸之路上商旅络绎的重镇,是中原文化、希腊文化、波斯文化和阿拉伯文化交汇的地方。两千年后,这里升起了人造太阳。当年,第一颗原子弹爆炸之后,骆驼刺被烧死了,沙子和石块变成了琉璃砖模样,现在还原封不动地躺在他们的脚旁。见到旧的痕迹容易使人逆着时间顺序往回想。小小的琉璃砖,拨响了邓稼先的心弦,他的心绪回到了1964年……

他一边走一边向李医生兴奋地叙述当年的情景。邓稼先告诉他,当时是怎样编队的,一部分待在什么地方,另一部分又分配在什么地方。当走到一个似乎是毫无特征的所在时,在李大夫眼里这不过是一大片戈壁中极普通又没有识别标记的地方,而邓稼先兴奋地对他说:"咱们的队伍当时就住在这里。"走着走着,邓稼先告诉他当年这些地方有很多蚌壳化石,刘西尧部长还捡到过一个大块的,叫大李子送给周总理做纪念。他们缓步前行,邓稼先触景生情,想起了"狂风惊沙扑人面,雾迷衰草漫无边"这两句京剧穆桂英探栈道的台词,他很喜欢这一段南梆子。此时此景和这两句台词所描绘的情景是这样的吻合。

邓稼先情绪越来越高，步伐也加快了，忽然他用手一指："铁塔！"李医生顺着老邓手指的方向看过去，这座原先邓稼先曾爬上去过的120米高的铁塔，现在平躺在戈壁滩上。它的顶端已熔化掉，底部扭曲变形，粗大的钢条扭成麻花乱作一团，中间有一段的塔身看来和想象的原样差不多。这是有功之塔。

有功之塔，沉睡在这里已经近二十年了，没有人来打搅它，因为这里仍有放射性。在它的身边竖立着一块并不很高的石碑，碑上刻有张爱萍将军亲笔题字：1964年10月16日15时中国首次核试验爆心。这里是一片永远值得怀念的土地。邓稼先无意中走到石碑的旁边，和石碑并排站立着。他没有说话，大概此时的心情太复杂了。他必定会感到这是最后的一面，自己即将与此地永别了。此地是他一生宏伟事业的里程碑。他恋恋不舍，那样子，一眼便可看出是想留一幅人与碑的合影。李医生嘴来得快，他说："我给您留一张相吧！"邓稼先稍一迟疑，随即摆手，略微带着一点遗憾地说："算了，还是不照吧！"李医生知道，纪律之墙把他的情感挡住了。他从来严守纪律。

看过铁塔，邓稼先非要到平洞里去看看。一边走，一边给李医生讲着原子弹空爆时的壮丽景象："空爆太好看了，奇异的闪光，比雷声大得多的响声翻滚过来，一股挡不住的烟柱笔直地升起，真是刺破青天锷未残！小李，你知道吗？好看得很呀。一会儿就变成一个蘑菇状的大火球，像一把大扫帚一样，把原先天上飘着的白云一扫而光。"他们来到平洞洞口。事隔这么多年,平洞里面的温度依然很高,进去以后有一种被热气蒸闷的感觉。李医生想快些出来,但邓稼先却继续往里走,他取了一些岩石,要带回去研究。沿途,邓稼先时而滔滔不绝地说着,时而又突然莫名其妙地沉默起来。临离开平洞时,邓稼先的脚步渐渐放慢,甚至走开了还要再回头走几步。这是邓稼先潜积于心底的眷恋之情。

他们回来后,用测试仪器一碰鞋子就噼噼啪啪地响个不停。这说明他们经过的地方仍然留存有很强的辐射污染。他们把两双鞋子立即扔到离帐篷远远的戈壁滩上。

这一次去看铁塔,发生在邓稼先受到严重辐射伤害之后,和一般的怀旧不同,他预感到将与自己所热爱的事业分手,这实际上是一次深情的告别。

第十五章
生命的最后一段时光

　　1985年7月31日,张爱萍将军在北京主持一个会议,邓稼先从基地赶回来参加此会。张将军看见他时,关切地问:你怎么瘦了?气色也不好,身上有哪里不舒服吗?邓回答:开完会以后去看看病,好像是痔疮,疼痛得很,到医院要一点润肠药就回来。张将军听后,走出会议室,亲自给301医院的院长打电话,要求安排医生接诊,并派自己的汽车送邓稼先去医院。有经验的医生检查后,认为是恶性肿瘤,不让走了,立即住院。

　　九院职工在近几年来有过几次体检,但他一次也没有检查过。因为大伙儿体检时,他不是到罗布泊去了,就是到其他基地去了。有时一个月从一端到另一端穿行国土两趟,忙得喘不过气来,哪儿还顾得上体检。他过去曾经担心过的一些病状在这次检查时并没有恶化，而他不在意的部位问题倒来了。"别走了，立即住院。"医生态度和蔼地说，但语气很坚定。他告诉医生，他在开一个很重要的会议，不能住院。医生微笑着对他说："这里不是会议室，这是医院。"丝毫商量的余地也没有。他立即明白了疾病的严重性。他住院了。其实，他早知道这一天会到来，但来得这么快、这样静悄悄的，他却没有想到。这一天是1985年7月31日。六天后，8月6日的活体取材检查手术做完了，张爱萍将军焦急地问医生："活体检查怎么样？癌是不是扩散了？"回答是冷冰冰的："这个，按常规要在一周之后才能知道结果。"

张将军急了，他说我就坐在这里等着，你们尽快拿出化验结果来。张将军硬是坐在那里等着不走。半小时后，冰冻切片的结果来了，确诊邓稼先患的是直肠癌。四天后，即1985年8月10日，邓稼先做大手术，清扫癌瘤所侵犯的地方。早晨，张爱萍将军来到了301医院，九院和核工业部的领导也都来了。眼里噙着泪水的许鹿希，她自己就是医科大学的教授，她当然清楚癌症的严重性，一个受到辐射严重伤害的老年人的身体对癌症的抵抗能力她更清楚。她只能默默守候在手术室外面，盼望着连她自己也不敢相信的佳音。墙上的时钟一下一下地摆动，所有守候着的人都感到时间过得太慢了。人们心里都猜度着各种可能。他们盼望着手术室的门打开，盼望着好消息，可是心里有时也情不自禁地往坏处想，他们想用这种办法来加强对万一出现的不好消息的承受力。然而，医学是科学，科学必须面对现实，而现实常是无情的。手术后的病理诊断是："肿瘤的病理性质是恶性程度较大的低分化、浸润性腺癌，直肠旁淋巴结7个，全部有癌转移……癌症属中期偏晚，已有淋巴结及周围组织转移。预后不良。"

多年后，医科大学80多岁的老校长对许鹿希说了心里话，他说："我们刚一听说邓稼先同志患了癌症，就知道糟了。核辐射和癌细胞两下夹攻，不好办呀。"

1985年7月到1986年7月是邓稼先生命的最后一年。一个自觉到生命期限的人内心是十分复杂的。在这一段日子里，邓稼先显示出贯穿他一生的精神境界。

邓稼先在1985年7月底住进了位于北京西郊的解放军总医院，组织上为他安排了一间高级病房。理智告诉他应该做最坏的准备，自己是一个受过辐射严重伤害、现在体内尚残留放射性物质、抵抗力低下的病人。但情感驱使他盼望着康复。过去很多危险和难关都闯过来了。现代医学已经相当发达，什么领域都可能有奇迹出现，他期望着自己能有好运，因为他现在尤其感到要做的事情太多。

手术过程是顺利的，但是能否得救的关键在于癌瘤细胞扩散程度，手术有没有切净癌细胞和身体的抵抗力经不经得起术后的放疗化疗。手术后，医生给他在下腹部的左侧做了一个人造肛门。喜爱自在过日子的邓稼先对这个东西讨厌极了，但他毫无办法，这是他为了事业在生命最后阶段所付出的代价。付出代价他早已习惯了，27年就是这样过来的。不过，人造肛门终归是太不方便。

　　手术后不久的邓稼先只能在病床上静卧。静卧只能使他脑子转得更快一些。他首先想到的是抓紧这段住院的空闲时间做什么事。几十年来，所有的空闲都是他忙中偷来的。现在这样大段的空闲时间的突然来到了，怎么安排？他想写书。在此之前，他已经动笔，写的是群论，他对作为原子核理论工具的群论特别感兴趣，如果不是被成堆的工作压得喘不过气来，这一作为原子核理论工具的著作会早已完成。即使这么忙，他还是挤时间写了好几万字，虽然还不到两章，总算是开了个头。是不是利用住院的时间把这本书写出来呢？但他转念一想，现在工作那么多，有好几个挂在心上的问题还没有得到很好的解决。不行，稍好一点的时候就要把几位老伙计找到医院来，先解决这放心不下的事。有时候身体不舒服，他的思绪又爬上了另外一条路。唉，现实一点吧，恢复一下体力，磨刀不误砍柴工，出院后听听音乐、下下围棋，彻底放松一段时间，也许反倒能多做一些事情呢！重病住院之初，是一个使人思绪纷杂的时期。邓稼先此时也这样。邓稼先在病情稍有缓解之后，就经常在医院里工作了。去探病的亲友常遇到他的同事们来，他们又总是像有事要同邓稼先商量。亲友们一起身告辞，病房立即变成了会议室。

　　1985年秋冬，单位进行党员登记，这时他刚做完大手术才两个月。组织上考虑到他的身体情况，特意告诉他，文件不用学习了，填表可以让别的同志代笔。邓稼先不同意。过去，在基地工作最紧张的时候，他还要亲自去参加党的基本知识的考试。党内的各种活动，他从来都是以一个普通党员的身份认真参加的，即使在当选为第十二届中央委员以后也是如此。他从司机老任同志处借了一套文件，从头认真读了一遍之后，在1985年11月1日亲自填写了党员登记表。他的整党收获，写了一千多字，真实地写出了自己对党和祖国的事业忠贞不渝的感情。九院党委的同志们收到这份登记表后，感动得热泪盈眶。他们说："要都像老邓这样，哪里还用得着整党？"

以下是邓稼先在病房中亲笔填写的党员登记表。

一段时间的化疗之后，因为白血胞数目太低，血象太差，必须中断治疗。这时候，医生同意他回家休养两三个月。他知道让他回家的原因，估计自己的生命期限大概只有几个月了。这时，他的脑子反而更加清醒有条理起来。他要抢时间，把几件必须做的事情尽快做完。

他最关心的就是中国核武器事业的发展。他请于敏同志来，谈关于我国核武器发展的设想，要和于敏等人一块研究起草一份向中央的建议书。邓稼先感到核武器同别的尖端科学一样，世界各大国都在全力以赴地向前迅跑。我们必须眼睛盯着，心里想着，手上干着，不然就要挨打。这是邓稼先心魂所系的地方。这比他自己写书、比别的任何事都重要。他抓住回家养病的机会，集中全力来干这件事。

同时，他也关心着九院的工作。1986年快过春节的时候，他约一位来北京开会的同志到家里谈工作。这位同志下了公共汽车，发现邓稼先也从另一个车门下来了。他刚从城里的北京图书馆查资料回来。晚期癌症患者，身上挂着一个引流瓶，二机部九院院长，62岁的老人，中国核武器研制事业的开拓者，从哪一方面说，他都可以要一辆车出去。可他居然从公共汽车上挤下来了。对于这一点，有很多人并不很理解他。他是为了带头树立廉洁风气吗？抑或是自我约束过了头？这些猜测也有对的地方，但不完全对！他要一辆汽车出门是极容易的。但他多次挂着引流瓶去挤公共汽车时往往是不假思索的，他喜欢随着习惯走。多年来，他严格要求自己，不特殊，已经养成习惯。所以，当情况完全改变之后，他的这一习惯仍然顽强地起作用。一次在"零时"前夜，他忘了吃饭，炊事员给他做了一碗鲜汤，他还要问一声"大家都有吗？"然后才肯喝。有一回，妻子生病住院，他探视回家遇上大雨。他宁可淋雨挤公共汽车，也不肯要车，他觉得这是私事。即使是公事，回北京工作的一段时间，他也总是要买一张汽车月票。他去挤公共汽车心里总觉得踏实。他有些做法，显得过了头。其实，这是他内心的道德观念的力量使然。正是这一力量，使别人认为他对自己太苛刻了。但是人生有些事情，往往就是这样地无法改变。还有一个原因，即他那几乎是与生俱来的个性使然。他不愿意引人注意，而愿意永远在大众之中，这样他才自在。他很怕出风头。许多核武器的重大理论性和探索性工作，他不仅在研究中做出重要贡献，而且常常是把关和最后拍板的人。他亲自执笔写过很多方案，但他总是不署名或把自己的名字放在最后。他连必须出头露面的时候都躲躲闪闪。一位老司机师傅说：老邓刚当院长的时候，主持大会讲话还脸红呢！这是他的性格，这种性格使他在和群众打成一片时用不着费什么力气，更用不着做作，很自然地就做到了。

邓稼先回家养病的一段生活，虽然在他心中难免罩上绝症带来的阴影，但他仍然常常显露天真的童心，对什么热闹都还是很有兴趣。地坛庙会恢复以后他没有去过，他非要去一趟。晴冬的一天，邓稼先由妻子许鹿希陪着去逛了地坛庙会，如愿以偿。庙会上有各种小吃、各种土产品，令人眼花缭乱；各色人等在此聚集，十分热闹。邓稼先顿时来了精神，暂时忘记了自己虚弱的身体，忘记了自己的年龄，也忘记了临来地坛之前心上轻轻拂过的一丝告别生活的苦涩。他乐了，什么都要看一看，什么都想尝一尝。他吃了三个春卷，又吃了三个艾窝窝。他继续转来转去。突然间，他看见前面摊子上摆着宜兴土产小汽锅，他立即想到于敏，因为于敏最喜欢吃汽锅鸡，他马上买了一个，送给这位和他交往几十年的老朋友。

邓稼先不仅热爱他的科学事业，也非常热爱生活。他忙起来出奇地专注于事业，但是也喜欢忙里偷闲，有好电视，有中国女排参加的决赛，他就会看完电视再加班。看到中国队得分，他会像孩子一样高兴得站起来鼓掌。他到北京开会，晚上一有空就溜到剧场去，一手举着钱，一边用标准的京腔问着别人："有富余票吗？"于敏也爱听京剧，但不好意思去钓票，说这句话他就很难启齿。邓稼先不管这一套，他还一本正经地向别人介绍经验，说他如何能从来人的脚步和眼神中判断出谁是想退票的人。遗憾的是，事业让给他享受生活乐趣的时间太少啦。

不久之后，他再度住院，并于1986年3月29日又做了一次小手术取活体组织检查，因为癌细胞转移明显加快了。邓稼先预感到生命给自己留下的日子已经不多了。他不止一次地对许鹿希说："我有两件事必须做完，那一份建议书和那一本书。"他翻着堆在床头桌上的两尺多高的书籍和资料，想到了什么问题马上就给九院领导打电话，谈工作，定方案。

他和同志们反复商讨，并由邓稼先和于敏二人在1986年4月2日联合署名写成了一份给中央的关于我国核武器发展的极为重要的建议书。这是为中国领导人做最后决策提供的重要参考材料。写建议书时他开始做化疗，向血管内点滴药水，一次治疗要好几个小时，他只能躺着或靠坐着，边做治疗边看材料。坐在身旁的许鹿希不断轻轻地给他擦拭满头的虚汗。他在1986年3

月14日给同事的一张条子上写道:"我今天第一次打化疗,打完后人挺不舒服的。"这张条子的原件,现在保存在胡思得同志处。由于邓稼先在条子上写了一些关于建议书的修改意见,至今仍属机密。

病房实际上成了他的办公室,在两次治疗中的空隙,他常常是坐在橡皮圈上伏案修改。靠着毅力忍受病痛的折磨,他终于改完建议书的稿子。这是一个临近人生终点的科学家对祖国的最后牵挂。

多年后的今天,回过头去看这份建议书的重要性,不论怎样估计也不会过分。因为在还有人挥舞着核大棒进行恐吓的地

1986年3月,在医院,邓稼先用手比画中国第一颗原子弹的大小。(注:这颗原子弹本身约有足球大,用核材料铀235制造,采取内爆方式。加上其他部件,包在一个大铁桶内,安放在120米高的铁塔顶上。1964年10月16日15时爆炸成功。其威力相当于2万吨TNT炸药。资料引自:J.W.Lewis and Xue Litai, *China Builds the Bomb*, Stanford University Press, California, USA.1988)

1986年3月,在医院,邓稼先用手比画中国第一颗氢弹的大小。(注:这颗氢弹本身如脸盆大,热核装置用重氢、铀235、铀238和锂-6材料制造。采取裂变—聚变—裂变方式,加上其他部件自重1吨。1967年6月17日8时许,飞机空投后,挂在降落伞下飘至爆心,在空中爆炸成功。其威力相当于300万吨TNT炸药。资料引自:J.W.Lewis and Xue Litai: *China Builds the Bomb*, Stanford University Press, California, USA.1988)

球上,它能使祖国的亿万人民平安地过上长久的搞经济建设的幸福日子。

  1986年5月16日,邓稼先做了第二次大手术,清扫癌瘤侵犯的部位,以减少疼痛和延缓病程发展速度。但是,医生在手术台上见到癌组织已侵及手术刀达不到的要害之处了。手术以后,他感到自己的身体越来越虚弱。

  一天上午,阳光从外面树隙穿进房来,明亮爽朗。常来医院陪他的三姐的孩子小捷给他带来了美国乡村音乐《我的肯德基》的磁带，这是最近邓稼先突然心血来潮时要小捷给他找来的。这天邓稼先的情绪特别好，他要小捷放给他听，听着听着，他渐渐入神了。邓稼先的心是不容易灰冷下来的，他总是憧憬着美好的未来。

听完了音乐，不知怎么就和小捷天南海北地聊起天来，他似乎完全忘记了自己重病在身。他说："小捷，这次我出院后不能再做原来的工作了，但是我有好多事情要干，这些工作都很有意义。我想搞原子能的和平利用，它能直接造福于人类呀。你知道吗，原子能和平利用的工作既有意义，又有意思。"小捷起身，拿毛巾给舅舅擦了擦汗，邓稼先继续说："你听说过吗？猪肉在常温下放两个月还和原来一样新鲜，你注意，一样新鲜。"小捷眨眨眼睛："啊，明白了，罐头只是防腐，不能保鲜。"邓稼先说："对。不仅猪肉，许多食品都可以原子能防腐保鲜。再譬如咱们普通常用的避雷针的保护半径只有避雷针安装高度的1—1.5倍，而放射性同位素做成的避雷针的保护范围比它要大几倍到几十倍。"小捷一听也来了情绪："照这么说，原子能好像可以到处出奇迹。"邓稼先笑了笑："现在还不能说到处，可是奇迹也真不少。就说菊花吧，李商隐的诗里说：'暗暗淡淡紫，融融冶冶黄。现在用原子能辐照后菊花的颜色可多了，出现了双花直到五朵花并蒂，花的直径最大能到38厘米。更有意思的是，1979年用原子能照后的一棵菊花，第二年6月24号就提前开花了。"小捷玩笑地说："看来，孕妇辐照一下，5个月孩子就可出生了。"邓稼先大笑。邓稼先知道，同样多的物质，原子能要比化学能大几百万倍甚至一千万倍以上，1公升海水中的氘聚变后产生的能量相当于300公升汽油。原子能和平利用的广阔前景是难以估量的。

隔了一会儿他又说："另外，你知道不，杨振宁在规范场方面的造诣非常之高，是他一生在物理学领域的最高成就，它比起'宇宙不守恒'来，对物理学的贡献还要基本，意义还要深远。如果不是因为已经得了一次诺贝尔奖的话，凭着规范场的成就，杨振宁完全可以再得一次诺贝尔奖。我对规范场也很感兴趣，我还想把规范场论的书写出来，我已经写过一点我自己思考的东西，给别的同志看过，他们还挺赞赏呢！说实话，我还想搞计算机。我还很喜欢自由电子激光，能搞成连续可调控的激光器，非常有意思。"他一口气说了那么多的计划，仍然雄心勃勃，心气很高，根本不像一个身患绝症的人。

邓稼先的这些美好愿望一定会落空。人生，常有这样的悲剧。一个正值盛年如此有才华的科学家，生命留给他的时间如此吝啬。不，是他自己太大方了，他挥霍了自己的精力。但这种挥霍，毕竟又恰恰是事业本身要求于他的。小捷为此深受感动。他是一个年轻人，他曾经对坚强的爱国心而做出某些惊人之举的人感到奇怪，甚至也曾以为有的人那种忘我的奉献是不是的确犯傻了。此后他彻底改变了看法，他曾对别的亲友多次说过，"好舅舅（外甥们都习惯这样称呼邓稼先）的爱国家、爱事业是毫不含糊的，就是了不起！"

后来，邓稼先以极其惋惜的心情谈到了他的一个设想。这是他考虑过很久的一项工程。核废料的危害问题始终是他的一块心病。他曾建议来病房看望他的省长同志，核废料要用剥离固化的方法处理后再深埋，这样即使发大水也冲不走，可保证本省1亿多老百姓不受核废料的污染带来的伤害。怎样化废为宝，他想过许许多多的方案，希望找到一种既可以把核废料的危害排除，又可以为国家赚到钱的一举两得的设想，可是直到他离去时仍没有得到解决，这是他临终时带走的许多遗憾之一。

1986年春天，虽然他的身体已经很差了，但他一生爱书的习惯却丝毫没有改变。他有一个表侄叫葛孟曾，优秀的中学教师，也很爱书。过去邓稼先每次回京都抽空跑书店，特别是外文书店。他和孟曾时常能在那儿碰见。他们两个人有时就站在书架前面简短地聊上一会儿。一次，他们站在那里谈论时，葛孟曾说："稼叔，群论在量子力学中看起来是很有用的。"稼先随口说道："不用也可以，狄拉克就是这个观点。"稼先对于类似这样的各种问题的随口解释，往往就给葛孟曾很大的启发。葛孟曾说理论物理用数学多，稼先却说："我们过去学理论物理的人学的数学都太经典了，我认为应该多学一点现代数学。"对科学有深刻造诣的人看问题必有自己特殊的角度和独立的见解。知识在他们的头脑中只是工具，流行的看法到了这些人的思维里是绝不会被轻信的，因为按照他们的理解总会对这些看法做反复的推敲，这是有水平的科学家所共有的特点。

邓稼先回到北京的时间毕竟很少，有些好书他只好托葛孟曾给他买。比如有一本《近代统计物理》，他买了好久没有买着，葛孟曾买到后给他送去了，他非常高兴。一得到好书，他总是从内心涌出一种充实的喜悦挂在脸上，说话的嗓门也随之提高。邓稼先买书的范围极广，因为他的爱好多，除本行业的书以外，音乐、外国文学直至围棋布局，无所不买。这且不说，还有些书，里边的内容他是并不想看的，他买它不过是喜欢它漂亮的封面。他是一个处处爱美的人吗？并非如此，他的衣裤破了，补好再穿，有时不补也穿，他的外衣，无非是灰色制服而已。在衣着上，他根本谈不到爱漂亮，但是美丽的书的封面却能牵动他的心。

1986年夏初，他发现了一本好书，叫《基本粒子物理的规范理论》，他研究规范场论很需要这样的书，可是这时他的病已经很重了，没有精力再去跑书店。他告诉孟曾："你无论如何要帮我把这本书买到。"葛孟曾对表叔爱书的急切之情了然于心。他一有空就四处到书店去打听，但始终没有买到，每当葛孟曾带着遗憾甚至有些惶恐的心情到医院去探望这位表叔时，他走在楼道里，心中就觉得忐忑不安，他怕叔叔问起书来。葛孟曾是尽到责任了，但他不愿意使叔叔又一次失望，他怕看到叔叔失望的表情。当他每次硬着头皮进到病房时，表叔总是抱着希望急切地先问："那本书买到了吗？"葛孟曾只好说："书还没有来。"邓稼先又一次失望了。

终于有一天，孟曾无意中在书店买到了这本书，他顿时欣喜若狂。孟曾已年届半百，他顾不得体弱和疲劳，改变了以往不去硬抢公共汽车的老习惯，拼命挤车，快步从这一站跑向转车的那一站。他想尽快把这个喜悦带给表叔，他想看一眼表叔拿到书的那一瞬间满意的笑容。他终于疾步赶到了病房外边。但是，一种异样的感觉突然使葛孟曾心里一沉。病房的门大开着，里面的人很多，没有说话的声音。他来晚了，晚了。他本来以为表叔这一次定能扫除屡屡产生的遗憾，然而这一遗憾却随着表叔一起远去了。葛孟曾呆立在病房的门口，眼泪夺眶而出。

在邓稼先病痛稍稍轻缓的时候，他常常和来陪他的医生及子侄们聊聊天。话题从东到西，是跳跃式的。一次，李锦秀医生来看他，闲谈时说到了现在青年人的装扮。李锦秀医生说："老邓，现在外面的年轻人化妆可难看了，眼圈蓝蓝的，上身露到胸前，不像个样子。"邓稼先笑了，他说："小李呀，你年纪轻轻的，脑瓜怎么这样守旧，年轻人爱漂亮，人之常情嘛，有什么不好！"邓稼先是到海外见过世面的人，对这一类问题相当开放。而且他对于人群中追求高档物品的消费，看得也很客观，没有什么偏狭之见。他自己在生活上很平民化，没有那么多讲究，但他并不是苦行僧。他主张美化生活，丰富生活。抽中华烟，喝五粮液，用美加净牙膏。有条件的话，他也乐于去享受这些好商品的愉快。但是他量力而行，并不摆谱，没有的话，穷凑合也都能过得去。他也不是有意显示自己的朴素，要在群众中造成什么印象。但是在20世纪60年代的困难时期，要想给他以高于群众生活水平的特殊照顾，他是决不干的。这种时候，他心里因过意不去而坚决去阻拦别人对他的好心照顾。

第二次大手术之后，邓稼先进入了充满感情细腻而反复的回忆时期，这是除了猝然而逝的人之外，每个人在生命最后一幕时的共相。在这最后的回忆期中，实际上是在重新咀嚼一生的欢乐和痛苦。有时甚至能极冷静极客观地透视自己一生中的某些失误之处，尽管由此歉疚之情与自我安慰相伴而生，但当事人能从其中获得一种彻悟的愉快。

有一次，邓李捷来陪他，坐在旁边，邓稼先躺着，没有说多少话。但邓李捷凭直觉感到他又陷入回忆之中了，这是情感的回归。慢慢地，邓稼先稍微平静下来，他对身边的年轻人说："《大卫·柯波菲尔》这本书你读过吗？""读过。"年轻人诡秘地一笑，随口答着。"那么，我来给你背一段，你听听。"邓稼先便用流利的英语像朗诵似的背出了下面一段话："噢，艾格妮斯，噢，我的灵魂。当我的一生真正完结了的时候，但愿你的脸也像这样在我身边！当现实像现在舍去的身影一样从我眼前消失的时候，但愿我依然见到在我身边向天上指着的你！"（O Agnes, O my soul! so may thy face be by me when I close my life indeed：So may I, when realities are melting from me like the shadows which I now dismiss, still find thee near me, pointing upward! ）艾格妮斯是大卫·柯波菲尔深情钟爱的妻子，两人青梅竹马，终于结成幸福的伴侣。邓稼先会背的英文段子不少。他选了这一段来背诵，想必是心中有所预感吧。

邓稼先年轻的时候，大概和所有年轻的大学生一样，也会有他自己值得回忆的罗曼史吧。一个有深刻思想和浓厚感情的人，在他行将告别这个世界之前，他必将检索出他一生中所有值得留恋的地方。他甚至愿意去承受告别回忆中带来的情感上的痛苦，因为他生活中的情趣和厚味也就附着在这些事件上。这种回忆本身是一种告别，几乎可以说是一种痛苦情感的冲涌。但邓稼先偏偏不是躲避而是去寻觅它们。

慢慢地邓稼先闭上了双眼，用手摸索着握住放在床边的一本《简明核工程手册》。这是一本工具书，上边有从事核工业研究所需要的各种数据。几十年来，他有两本书必定要随时带在身边，除了这一本之外，就是《量子场论》。他做粗估的时候经常要翻阅《简明核工程手册》。粗估是邓稼先在工作中经常用到的科学判断方法，就像一个棋手在棋盘上进行概略形势判断和选择定式一样。二十多年来，他做过的粗估就像夜间晴朗的天幕上的繁星一样，无法知道有多少。他粗估时的体验，是他研制核武器工作的一种典型的体验。他躺在床上，闭目养神，脑子里转个不停，这种感受平时重复过无数次，现在他非常怀念这种体验。

邓稼先开始利用自己身体稍好的时日进行访旧。过去他有过很多次旧地重游的体验，每次都是兴致勃勃的。但是现在的心境不同了。一天晚上，他坐车来到三号院，到他二十几年前和一群年轻人最初搞设计时所在的办公楼，一座看上去很普通的灰色楼房。房子不但质量远不如90年代修建的高楼，而且如今楼前的空地已没有当年那样宽敞了。这所大院里房子增加的速度就像核武器的进展一样,一大块一大块的空地渐渐挤满了楼群。稼先心里有一种欣慰之情。但是今天他是来告别的,这是最后的一眼,楼房的形象可能将从此永远从他的眼前消失。他又想到了当年的小伙子和大姑娘现在全都已是五十开外的人了,脑子里随即闪过"昔人已乘黄鹤去"的句子,这时他心中的感受是可想而知的。但是这灰楼里年轻人出出进进,自然不是"此地空余黄鹤楼"的景象。

邓稼先的心情最沉重的一天终于到来。国家要给研制核武

1976年摄于颐和园。杨振宁母亲(右八)、杨振宁(右六)、杨振玉(左三)、王承书(左一)、黄昆(左四)、周光召(左五)、张文裕(左七)、邓稼先(右三)、黄宛(右五)

第十五章 生命的最后一段时光　171

摄于1986年。左起：邓志平、许鹿希、邓稼先、彭洁

器做出过重大贡献的人颁奖，地点在庄严的人民大会堂。这一天下午，要求每一位受奖者先去练习一下排队和走步。邓稼先对医生说："上边要求练习，没有办法。"他装出很老实的样子。经医生批准他出了医院。但他并没有到人民大会堂去，而是回了家。说老实话，他一直就想回家，随着病情一天天地加重，他更想回家了。家里的人他是能经常见到的，但那是在医院里。他想的不单是家里的人，也不是家里的房子，而是全家人在家里吃一顿普通晚饭的那样一种生活氛围，一种平常极不在意而现在倍觉宝贵的生活感受。他特意打电话给大姐，因为大姐每周三下午都要到医院来看他，他对姐姐说："今天下午

不要来医院了，到我家里去，我回家。"

家里一切如常，他离开这个家已经又是两个多月了。平时出差可以好几个月甚至更多的时间，回来也没有什么特别的感觉。这一次不同，邓稼先的心情飘忽不定。他不由自主地东看看西看看，他和儿子甩放鞭炮的晒台，从夜晚忙到天亮的红色电话机，脑子里冥思苦想时躺过的那张床，喝酒时自己独霸一方的木桌，接待挚友杨振宁时坐过的那一对旧单人沙发。传出莫扎特小夜曲使自己心旷神怡的收录机，书橱、笔筒、台灯……

晚饭是在家里吃的，有甲鱼、芦笋，还有其他菜，这顿饭吃得一点没有香味。邓稼先没有什么话，今天回来后也没有露过笑容。

邓稼先在最后的几个月，像这样情绪消沉的时候并不多，因为他的大部分时间被另一桩工作上的大事占去了。他的精神生活就安顿在那个任务上面。他们的研制工作已经进入取得新的突破阶段，这个阶段在他尚未患病时就已经开始，他为此做出了重大的贡献。但任务没有完，工作继续需要身患重病的邓稼先的脑力和智慧。而邓稼先的身体按说已不允许再做这样的支出了。这两方面他的伙伴们都是十分明白的。同事们不忍心到医院来打搅他，但还是不断地来，不仅许多事情要问他，要听他的分析和看法，而且有很多重大问题要他来拍板。事关重大，谁也不能光凭同情心就去承担这种自己力所不能及的事情。在这一段时间里，这些有情的伙伴像似无情的讨债人，有时几乎是轮番到病房来看病人，但更多的是谈工作。邓稼先一谈到节节进展的工作，就忘掉一切，疼痛也减轻了，有时竟眉飞色舞地说个不停。只有当护士端着针药盘子进来的时候，他才猛然意识到这里并不是办公室。

除了和别人谈工作之外，他自己还拼命干着另一件事，就是写那本预计80万字的大部头的书。邓稼先是一个对什么都有兴趣的人，他在物理学方面的兴趣也非常广泛，因为研制核武器所涉及的面很宽，他必须懂很多东西。如果不是工作的严格要求，他的兴趣就会像一根牧羊人的皮鞭驱使他踏遍山前山后的草地，尝遍各处水草的味道。现在他想抢时间把书写出来。他开了一个很长的书单子，让李锦秀医生回基地时一本一本地从他的书架上挑拣出来，全部带到了病房。他还让别人从图书资料室给他借来大量的书籍和杂志。但是他忘记了自己已是一个被剥夺刻苦读书钻研工作的人。医院规定，桌子上不准摆工作用书，放一本都不行。医生是医院的法官，护士是执法严格的法警。这些小姑娘训斥起病人来是毫不留情的。出于无奈，邓稼先只好把这些资料塞进壁橱和衣柜里，让悬挂着的长长的衣服作为它们的防护墙。他很细心，知道晚上8点以后是护士不大会进病房来的较安全期，这时就可以写书了。偷偷地干一点痛快的事，是邓稼先小时候顽皮性格的延续。有时回想起来，邓稼先自己也忍不住笑。

只要无关大局，他总爱抓机会略施小计。有一次在新疆试验场地马兰，工作很疲劳，也觉得有些枯燥。邓稼先灵机一动，拉上李锦秀医生要去游泳。他们乘一辆吉普车，来到美丽的博斯腾湖畔。他们迫不及待，像孩子一样跳到水中，戏水、游泳，尽情地玩。邓稼先这个有名的"大白熊"，慢慢游在蓝色的博斯腾湖的边沿。清凉的湖水轻轻漾过他白皙的皮肤。水的温柔的按摩，使他轻松自在。在盛夏的戈壁滩上终日枯燥的生活中能得到这样的享受，真是妙不可言。正当他们忘乎所以的时候，本来心里就不太踏实的李大夫忽然发现山坡上有一队黑点朝这边移动。"坏了！"李医生脑子闪过这个念头。黑点好像是奔驰的汽车。莫不是警卫队来了？他并没有猜错，就在他们急忙上岸刚刚穿好衣服的时候，警卫营副营长带着一个排的战士到了眼前。副营长狠狠地训斥李医生，为什么不阻拦邓院长，反而公然违反纪律擅自到这样危险的地方来。这时的邓稼先已经是中共中央委员了，警卫部队的同志可是理直气壮的。责任使那位副营长毫无顾忌地发着火。李医生一句话也没说出来，邓稼先也无话可说。

这都是回忆起来令人开心的往事，现在是不可复得了。

第二次手术以后，他疼痛得越来越厉害。一次他对小捷说："痛起来像用杀猪刀捅一样。"每次大痛，他便汗流不止，但他从来不叫嚷，最多只是哼几声。小捷在病床旁边，每到这种时刻，便不知所措，只有靠说话来打岔，以求为舅舅减轻痛苦。

他在疼痛减轻的时候，常常回忆起别人的长处和功劳。尤其常常怀念与之长期共事的牺牲者。他对别人说："郭永怀教授死得太早了！要是他在，我们的激光加速器一定会早几年搞出来！"他还说："钱晋死得很惨，他贡献很大，就是当时名气小了一点，不然的话，不至于……"他常常提及某个问题主要是谁来解决的，还有什么问题又主要是靠谁来解决的。他在后期，每每提到共事的同志和朋友，大概是他非常怀念和他们在一起工作的时光。

后期，邓稼先很少谈工作了。他的身体越来越差，虚弱得下床走几步就是一身大汗。日夜都有人陪护他，照顾他。一天晚上，李锦秀医生陪床。因为白天太累，所以晚间李医生睡得很死。半夜过后，一个很重的声音把李医生惊醒了。他翻身爬起来，看见邓稼先摔倒在地上，李医生这时急得忘掉彼此的身份，他怒斥了邓稼先："你为什么不叫我，为什么？"这严厉的责怪中饱含着多么深切的关心啊！他认为邓稼先思虑他人太过分了，没有必要在这种时候还去考虑别人，还去照顾一个健康年轻人的休息，这是一种无谓的损失，简直是可气。他厉声说："你知道我来这里是做什么的吗？"老邓一声不吭，后来，用略带求情的口气说："我看你睡得太香了，我觉得自己还可以做这点事。"等事情过去之后，已是凌晨，天已经有些蒙蒙亮了，他和李医生都睡不着。邓稼先躺在病床上，望着窗外，这个时候是他最喜欢的黎明。因为黎明是一天紧张有趣生活的开端，黎明时心里充满着活力。窗外，树上的叶子在刚刚出来的阳光下显得碧绿，到处是一片勃勃生机。这时邓稼先却对李医生说了一句与这种环境十分不协调的话。他亲切而缓慢

1986年7月17日下午在解放军总医院的病房中,国务院副总理李鹏代表国务院,授予邓稼先全国劳动模范奖章和证书

邓稼先全国劳模证书

地说:"小李,做人可不容易呀。人不能做坑人的事,我这一生就没有做过坑人的事。"

1986年7月15日,万里代总理到医院看望邓稼先的时候,告诉他国务院决定将全国劳动模范称号授予他,这是"七五"计划期间的第一个全国劳模。两天后,李鹏副总理来到病房授予他全国劳模的奖章和证书。邓稼先服了加倍的止痛药,吃力地表达了他对党和国家的谢意,诚恳地说出了他一贯的最真实的看法。他说:"核武器事业是成千上万人的努力才能取得成功的。我只不过做了一部分应该做的工作，只能做一个代表而已。"李鹏副总理对他说："党和国家非常感谢您这几十年来在核工业、核武器方面做出的贡献。您说的也对，这个事业当然是千百万人的事业。但是，我们也充分地估价您在这个核武器事业中做出的贡献。"

他只是一个代表，但是，他是一个十分杰出的代表。

下面是邓稼先这次讲话手稿原件。时间是1986年7月17日，距离他逝世只有12天。手稿的全文是：

昨天，万里代总理到医院看望我，今天，李鹏副总理亲临医院授予全国劳动模范称号，感到万分激动。核武器事业是要成千上万人的努力才能成功，我只不过做了一小部分应该的工作，只能作为一个代表而已。但党和国家就给我这样的荣誉，这足以证明党和国家对尖端事业的重视。

回想解放前，我国连较简单的物理仪器都造不出来，哪里敢想造尖端武器。只有在共产党领导下解放了全国，这样才能使科学蓬勃地开展起来。敬爱的周总理亲自领导并主持中央专门委员会，才能集中全国的精锐来搞尖端事业。陈毅副总理说，搞出原子弹，外交上说话就有力量。邓小平同志说，你们大胆去搞，搞对了是你们的，搞错了是我中央书记处的。聂荣臻元帅、张爱萍等领导同志也亲临现场主持试验，这足以说明核武器事业完全是在党的领

邓稼先发言稿手迹

导下取得的。

  我今天虽然患疾病,但我要顽强地和病痛做斗争,争取早日恢复健康,早日做些力所能及的科研工作,不辜负党对于我的希望。谢谢大家。

  邓稼先几个月来日夜思念的女儿典典终于在1986年7月20日凌晨从美国来到北京。因为长时间的飞行和时差,妈妈让女儿先睡一会儿再去看爸爸。许鹿希早晨到医院像说平常事一样把女儿到京的消息告诉他,她希望父女俩见面的时候在感情上尽量平稳一些。

  上午十点多钟,典典来了。父女相见,抱头痛哭。哭泣并不就是脆弱。至纯的人,至纯的情感,无法控制,也无须控制。

  典典不想提起爸爸的病情。她先说这次回来赶得很急,机票事先已由国内组织上付了款,一切顺利,然后谈到自己一年来在美国的学习生活。她读研究生,要学很多门课程,哪些课以前在国内读过,内容明白,只要翻成英文就行了,哪些是新课,很有意思。她还告诉爸爸,自己在美国很节省,她对追求高消费和那些洋气的东西一点也不羡慕,穿的衣服是国内带去的。爸爸听到这些,脸上浮出甚感安慰的微笑。

  这段时间,父女共同最感兴趣的是回忆,回忆,是对生活的再品味。他们两人断断续续回忆了许多往事。典典自内蒙古建设兵团返京,分配在一家做箱子的工厂当工人,一干就是四年。终于机会来了，1977年恢复高考，她决心冲上去。她只能用下班后的时间补习功课，而她实际上只有小学毕业的程度。要在1977—1978的一年时间里补完中学课程，唯一的办法就是拼命。

那时候，典典每天下班回家先吃一点东西，马上就睡觉，到夜晚11点起来读书。因为她根本没有学过物理课，连牛顿定律都不知道，请的老师认为这样低的程度没法补课，不得已，邓稼先只有亲自上阵。碰巧邓稼先这时有工作要在北京住三个月，时间算是有了，但是教科书买不到。女儿对爸爸说："我记得那个旧课本还是您骑车从旧书摊儿上给踅摸来的呢！"邓稼先说："对，好像是一本半文言的书。"典典来了情绪，学着老学究摇头晃脑地说："某某之方程式如下。"

引得邓稼先哈哈大笑，接着就说："典典，别看那本书文字老气横秋，写得可有板有眼，是一本上等的好书呢。"当时，就是用这本教材，邓稼先每晚给典典讲物理课，常常讲到第二天凌晨三四点钟，父女两人一块拼命三个月，典典就凭它一步跨过了在中学要学五年的物理课。这三个月，典典难，邓稼先也难。知道这件事的人说："要一个整天搞尖端科学的院士教中学物理，真是难为他了。"这话是有道理的。邓稼先回忆到这个地方，不无得意地说："够难的，教中学比教大学难。"有一阵子大院里放电影，这就又添上一层困难，环境太乱了。天刚擦黑，院子里就支起放电影的大白布银幕，银幕的正反两面，都挤满了各路观众，大院里住的老老少少，外面蹭进来白看电影的人们,以及窗户上晒台上各种姿势的看客。尽管典典早已把门窗紧闭,嘈杂的声浪还是不断闯进屋子里来。有一次吵闹声实在烦人,典典皱起眉头,她问爸爸,这么乱哄哄的,你如何能专心讲课,好像什么都听不见?邓稼先顺手在一张白纸上写下了陶渊明的名句:

> 结庐在人境,而无车马喧,问君何能尔,心远地自偏。

典典一下就领悟了。"心远地自偏",一个人读书做事,一定要有这样的修养和境界,否则便一事无成。像这样玩儿命似的念了一年之后,1978年,姐弟二人同时收到大学录取通知书,一个学医,一个学工。

在回忆中,典典伏在邓稼先的胳膊上说:"爸,我在美国还常常想起这首诗。"然后,他们又扯到了1985年典典将去美国读研究生之前的一天,她刚洗完头发,还没有梳好,邓稼先看着她,突然问:"你看过《走向深渊》这部电影吗?"典典随口答道:"看过。"稍一停顿,立即加了一句:"爸,我不会的!"这是什么意思?原来,《走向深渊》是部外国电影,说的是非洲某地一位做机密工作工程师的爱人到欧洲去学习,情报机关利用非洲女人迷恋花花世界的弱点,将他们双双套入特务网内,窃密成功的故事。在典典梳头之时,父女二人一问一答,简单之极,含义至深。现在旧事重提,孩子们更深地感到了爸爸在品德上对他们的教育和学业上的帮助,他们为有这样一位好父亲而自豪。

往事就这样一幕一幕地浮现在一家两代人的心上。但是，五天之后，邓稼先病重昏迷，病房中那样亲切的谈话声消失了。

1986年7月29日，邓稼先终因全身大出血而与世长辞。他的遗言：死而无憾。

除了自然科学一等奖（自然科学奖最高奖）外，邓稼先一共还得过四次国家级科学技术进步特等奖。直到1989年夏天，又颁发给邓稼先一次特等奖。此时他去世已三年。他之死而无憾，在于他为我国一代又一代的核武器研制马不停蹄地奋斗了一生，而且取得了原子弹、氢弹、新型氢弹和第二代核武器等一个又一个的成果，其他的一切，荣誉、牺牲，甚至个人受到误解和委屈，都变得无所谓了。

这种心情，他在1984年10月16日写了一首七律表达过：

红云冲天照九霄，千钧核力动地摇。
二十年来勇攀后，二代轻舟已过桥。

虽然邓稼先早就说过，身后不开追悼会，把骨灰放在母亲墓旁。但是，组织上另有安排，追悼会还是开了。书面文件来往是这样的：（原件附后）

1986年7月28日，国务院办公厅秘书局打了一个报告。全文如下：

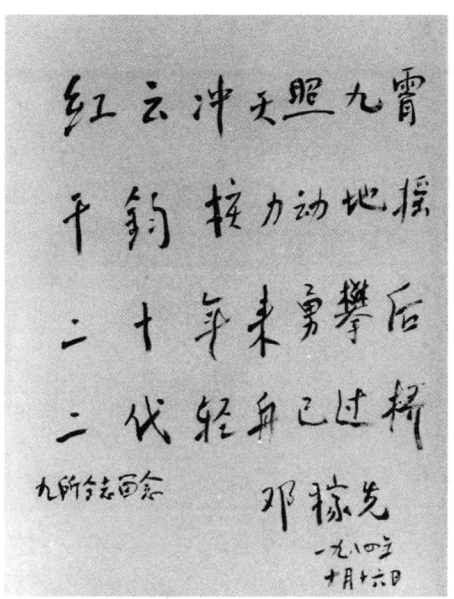

邓稼先诗词手迹

文寿同志[1]：

中共中央委员、科工委科技委副主任邓稼先同志近日病情危重，为此国防科工委和核工业部向国务院报送了《关于邓稼先同志身后有关治丧事宜的请示》。我们研究认为可同意国防科工委和核工业部的请示，建议将此件送请李鹏、爱萍同志批示。当否，请核示。

国务院办公厅秘书局1986年7月28日文寿同志批示：拟同意，报请李鹏、爱萍同志批示。

（李鹏批示：拟同意，请启立同志批示。稼先同志是中委，对中国核武器研制有重大贡献，似应隆重悼念。7

---

[1] 张文寿，时任国务院副秘书长。

国务院文件关于邓稼先追悼会事宜

月29日。张爱萍批示：决定何人参加追悼会，请即告我，我今日赶回京，7月30日晨。胡启立批示：同意李鹏同志意见。7月30日。）

1986年8月4日，全国各大报刊登了新华社发的追悼会消息和悼词。《人民日报》刊登的悼词的标题及全文如下：

深切悼念"两弹"元勋邓稼先　　对祖国的贡献永垂史册
——国务委员张爱萍在邓稼先同志追悼会上致悼词

中国共产党的优秀党员、杰出的核科学家邓稼先同志，因患癌症，医治无效，于1986年7月29日在北京逝世。终年六十二岁。

今天，我们怀着十分沉痛的心情，深切悼念这位为我国的核武器事业无私无畏地奉献了自己毕生精力的工人阶级优秀战士、中国知识分子的杰出代表。

邓稼先同志生前是中国共产党第十二届中央委员会委员、国防科工委科技委副主任、核工业部科技委副主任、核工业部第九研究院院长、中国科学院物理学数学部学部委员、全国劳动模范。

邓稼先同志1924年生于安徽省怀宁县，1945年毕业于西南联合大学物理系。抗战胜利后，他在北京大学物理系任教，积极参加了中国共产党领导的反对国民党反动派的民主斗争。

1948年赴美国留学,在印第安纳州普渡大学获物理学博士学位。1950年9月,他毅然冲破重重险阻回到祖国,满腔热忱地投身于社会主义新中国的建设。曾任中国科学院近代物理研究所、原子能研究所助理研究员、副研究员,兼任中国科学院数理化学部副学术秘书,从事原子核理论的研究,为我国核理论研究做了开创性的工作。邓稼先同志于1951年加入九三学社,1956年加入中国共产党。1958年8月调到第二机械工业部,参加组织和领导我国核武器的研究设计工作。历任第九研究院理论部主任、副院长、院长等职。

邓稼先同志为我国的核武器研制事业兢兢业业,呕心沥血,孜孜不倦地奋斗了二十八年。从原子弹、氢弹原理的突破和试验成功及其武器化,到新的核武器的重大原理突破和研制试验,他都做出了重大贡献。他作为主要参加者,曾获全国自然科学奖一等奖和国家级科技进步特等奖。他是我国核武器理论研究工作的奠基者和开拓者之一,是我国研制和发展核武器在技术上的主要组织领导者之一。

邓稼先同志勤奋学习,刻苦钻研,善于团结同志,发挥众多科学家的聪明才智,博采众长,协同攻关。当外国撕毁协定后,他和他的同事们一起,发扬独立自主、自力更生、艰苦奋斗、发愤图强的精神,以坚定的信心,克服了种种困难，为我国第一颗原子弹试验成功立下了卓越的功勋；接着，又突破了氢弹技术难关，成功地爆炸了第一颗氢弹，为打破超级大国的核垄断，增强我国的国防力量，保卫世界和平做出了不可磨灭的贡献。

邓稼先同志担任第九研究院院长重任后，更致力于核武器的改进、发展工作。他尊重科学，实事求是，严格按科学规律办事，从理论设计、加工组装、实验测试到定型生产，总是尽力深入到第一线考察了解情况，遇到重大问题，无不亲临现场指挥、处理。他始终遵照周恩来同志"严肃认真、周到细致、稳妥可靠、万无一失"的批示对待每一项工作，绝不放过一个疑点。他常常在关键时刻，不顾个人安危，出现在最危险的岗位上，充分体现了身先士卒，奋不顾身，勇担风险的崇高献身精神。

邓稼先同志是一位物理学家，他不仅有深厚的理论基础，而且有广博的实验、技术知识。他对核武器这个多学科的庞大系统工程有全面的了解。他勇于开拓，富有探索精神。他不仅是一位善于把理论和实验相结合，把科学和工程技术相结合的科学家，而且是一位出色的科研工作组织领导者。

邓稼先同志从青年时代起就立志报效祖国。他热爱党，坚决贯彻执行党的正确路线、方针和政策。他坚持党性原则，有高度的组织纪律观念。他在政治上、思想上，处处以共产党员的标准严格要求自己。他作风正派、廉洁奉公，数十年如一日，一心扑在工作上，做到了全心全意为人民服务。

邓稼先同志作风民主，密切联系群众。他襟怀坦白、顾全大局、谦虚热忱、平易近人。他担任领导职务，但从不以领导者自居。他善于倾听别人的意见，注意团结同志，时常关心青年的成长和提高，受到同志们的敬重和由衷的爱戴。在党的领导下，他和老一辈科学家们培养和带领出一支有高度事业心、作风严谨、团结协作、勇于攻关的科技队伍。

邓稼先同志长期忘我工作，不为名、不为利，甘当无名英雄，默默无闻地奋斗了数十年，积劳成疾。他在病重时仍念念不忘我国科技事业的发展，为发展我国的高技术献计献策。邓稼先同志真正做到了他经常讲的"一不为名，二不为利，但工作目标要奔世界先进水平"。他的名字虽然鲜为人知，但他对祖国的贡献将永载史册。他不愧是中华民族的好儿子，不愧是中国共产党的优秀党员，不愧是中国知识分子的优秀代表。他的不幸逝世，是我国人民、我国军队和我国科学技术事业的一大损失。今天，我们悼念他，要化悲痛为力量。要学习他为了祖国的强盛，为了国防科研事业的发展，身先士卒，勇担风险，舍生忘死，奋斗不息的献身精神；学习他不计名利，任劳任怨，埋头苦干，甘当无名英雄的崇高品德；学习他对工作精益求精，极端负责，处处以国家利益为重的高度政治责任感；学习他治学严谨，谦虚谨慎，平易近人，深入实际，团结群众的优良作风。我们要继承他未竟的事业，加倍努力，为了祖国的四化大业，为攀登科学技术高峰，继续拼搏，开拓前进！

邓稼先同志永垂不朽！（新华社发）

美国《纽约时报》（*New York Times*）也刊登了同一天新华社发的新闻（剪报由杨振宁先生自美国寄给许鹿希）。英文标题为：*Deng Jiaxian, China Scientist, Developed Nuclear Weapons.*

第十六章

不尽的思念

一位将自己全部才智和精力贡献于中华民族的核科学家远走了。邓稼先因辐射伤害和极度辛劳而过早逝去，使人们深感悲痛；邓稼先因所做贡献的辉煌而使人感到他牺牲的壮烈。

1986年8月3日下午，在北京八宝山革命公墓礼堂，举行邓稼先同志追悼会

第十六章　不尽的思念　191

杨振宁敬献花篮

1987年10月23日，邓稼先的挚友杨振宁先生来为他扫墓，八宝山笼罩在一种深沉悲壮的气氛里。这天下午天气阴沉，但是院子里的松柏却依然显出仲秋时节的墨绿。房屋和墙垣的线条十分清晰。空气微湿，庭院内寂静空旷，人们缓步行走在整洁的石板路上。

国务委员宋健、国防科工委政委伍绍祖及九院领导和其他有关人士以及邓稼先的亲属陪同杨振宁先生来到鲜花丛中的灵台前，灵台上邓稼先遗像前放着杨先生献的花篮，白色缎带上写的是"邓稼先千古　杨振宁敬挽"。

杨先生在邓稼先遗像前伫立良久，然后轻声问身旁的邓稼先夫人许鹿希："稼先这张照片是什么时候照的？"许鹿希说："是在原子弹、氢弹都已成功之后，1971年照的，当时他47岁。"

接着由伍绍祖主持了简短而庄重的扫墓仪式。

仪式结束，许鹿希拿着一个蓝色盒子，双手交送给杨振宁先生。盒面写的上款是"振宁，致礼存念"；下款是"稼先嘱咐，鹿希赠一九八七·十"。杨先生的目光在"稼先嘱咐"四个字上有瞬间停留。

许鹿希将盒盖打开，里面整齐地放着杨、邓两人共同的家乡——安徽出产的石制笔筒、笔架、墨盒、笔盂、镇尺和长方石印。邓稼先最后嘱托留送杨振宁先生这套坚固而又光洁如墨玉的家乡文房四宝，表示两人长达半个世纪忠诚纯洁的友谊永世长存。

赠品之后，杨先生和许鹿希有一些对话，引起了双方的回忆，昔日的情谊、历历往事又涌上心头。许鹿希当晚将此过程做了简略的笔录，并将她自己写的赠给杨先生的一首诗，依谈话内容的不同，分散插写在笔录的各个段落中，人们读后易于了解诗句的背景，联想到杨、邓两人之间动人的兄弟情谊，现将许鹿希的简短笔录转抄于下：

许：去年，您曾两次到病房探望身患重病的稼先，他见到您很高兴。你们两人有说有笑，他连病痛都忘了。

〈1〉去年谈笑病房间

（注：杨振宁1986年5月30日、6月13日两次去医院探望邓稼先，谈了很多话，后又合影）

杨：（点头，目光缓缓转向他处）

许：您在临别时，送给稼先一大束鲜花。这束花放在

第十六章 不尽的思念

1986年6月摄于北京。杨振宁（右）到医院看望病中的邓稼先（左）

他病房的窗台上。他常常凝视着鲜花，在剧痛中得到支持和安慰。他很平静地对我说："外国人的习惯是在朋友的墓前送上一束鲜花，振宁他知道我不行了。"

〈2〉谢君送别花束鲜

杨：（热泪夺眶而出，不能控制情感，连忙掏出手绢擦拭）

许：稼先在86年7月29日逝去后至今的一年多的时间里，您给我寄来九封信，并找出了40多年前你们合拍的一些照片和许多国外报纸的复印件，以及新出版的书籍托人带给我，表明了您对稼先的怀念，今天又亲自来八宝山扫墓。

〈3〉稼先逝去劳悬念

〈4〉深情凭吊八宝山

杨：（不断地用手帕擦拭眼泪、点头、哽咽难语）

许：太平洋的海水虽有万里之遥，您和稼先分居两岸，但是它隔不断两人的友情。这么多年以来，稼先对您是十分钦佩的，而且敬佩的心情与日俱增。

〈5〉重洋万里隔不断

〈6〉互敬之心逐日添

杨：（泪止，放好手帕）

许：您和稼先之间的友情，若从1936年在中学时算起，到1986年是50年，半个世纪。

〈7〉同窗友情胜兄弟

〈8〉杨振宁与邓稼先

此时许鹿希将写好的这首七言律诗赠给杨先生。落款：邓稼先的妻子许鹿希再拜致谢。

杨：（收下写有此诗的纸）谢谢。我看看稼先的骨灰盒放在哪里（杨振宁进入八宝山革命公墓第1—3室灵堂。杨先生仰视安放在上排的邓稼先骨灰盒。因室内光线较暗，看不很清楚。许便向他介绍，玻璃格内骨灰盒罩的正面有烧瓷的邓稼先彩色像和一生简历，上盖着中国共产党党旗，两旁布满绢花。前面有一个绢制的小花篮。缎带上写有："亲爱的稼先安息吧，妻希希率女典典子平平哀献"）

从灵堂出来以后，杨振宁先生在最前面，大家排成单行沿着灵台绕行一圈。

而后，杨问许：

杨：我要你的文章的那封信收到了？

许：您从丹麦寄来的那封信收到了。我的文章的复印件已给您寄到美国去了。

杨：我很高兴你在《神州学人》刊物上写的怀念稼先的文章中引用了我对稼先的评价。这些评价是我认真思考过的。（注：指1986年7月31日的唁电："稼先为人忠诚纯正，是我最敬爱的挚友。他的无私的精神与巨大的贡献，是你的也是我的永恒的骄傲。"和1986年8月15日的信："稼先去世的消息使我想起了他和我半个世纪的友情。我知道我将永远珍惜这些记忆。"1986年9月23日的信："是的，如果稼先再次选择他的途径的话，他仍会走他已走过的道路，这是他的性格与品质。能这样估价自己一生的人不多，我们应为稼先庆幸。"）

许：我在文章中采用您的话时，都事先征得您的同意。

杨：很好。

许：这盒录音带子录了九院的同志们写的两首怀念稼先的歌曲，送给您。

杨：好，我回去后听，谢谢你。（握手）再见。（挥手与众人告辞）。

许鹿希记1987年10月23日深夜

扫墓的第二天，《人民日报》及其海外版，分别就此发了专题报道。《人民日报》的标题是《重洋万里隔不断，同窗友

> 悼老邓
>
> 和平岁月未居安,
> 一线奔波为核弹。
> 健康生命全不顾,
> 牛郎织女到终年。
>
> 酷爱生活似童顽,
> 浩瀚胸怀比尊厉。
> 手挽左右成集体,
> 尊上爱下好中坚。
>
> 铸成大业入史册,
> 深沉情爱满人间。
> 世上之人谁无死?
> 精忠报国重天山!
>
> 赠许鹿希老师
> 　望多保重!
> 　　　　杜祥琬 敬上
> 　　　　八六.八.三.

九院及九所多年的同事、战友悼词,写于1986年8月3日。杜祥琬手迹

情胜兄弟——杨振宁到八宝山为邓稼先扫墓》,报道说:"今天,安放骨灰的灵堂外面庭院里搭起的灵台上,安放着邓稼先的巨幅遗像,周围摆满了鲜花和绿草。国防科工委政委伍绍祖宣布扫墓开始后,杨振宁教授眼含着热泪面对邓稼先的遗像肃立默哀,鞠躬悼念。随后,邓稼先的妻子许鹿希深情地诉说了邓稼先临终时对杨振宁的怀念,并将一盒写着"振

宁，致礼存念：稼先敬留"的文房四宝，按照邓稼先的遗愿赠送给杨振宁。报道还说："杨振宁和邓稼先早在青少年时代就是同窗好友。"

海外版的报道说："著名美籍华裔物理学家杨振宁今天下午来到八宝山革命公墓，祭奠与他有着半个世纪深厚情谊的挚友邓稼先。"报道说："因病不幸于去年故世的邓稼先，是中国著名的核物理学家。他一生默默耕耘，为中国掌握原子弹、氢弹等核武器做出了卓越贡献，被誉为核弹元勋。他与杨振宁原籍安徽，自1936年在中学相识以来，二人一直引为知己。报道说："杨振宁说，稼先为人忠诚纯正，是我最敬爱的挚友。他的无私的精神与巨大的贡献，是我的永恒的骄傲。"

追悼会和扫墓是对逝者所做的庄严、隆重的悼念。邓稼先的同事、同学和工作上的领导同志，对他的逝去有着无尽的怀念。更有许多原来不认识他的人，突然知道有一位无名英雄为祖国的强大做出如此杰出的贡献、不禁深感惊诧，并顿然产生由衷的敬佩。一个时期在中国，三山五岳、长城内外、大河上下、内地边关，人们在怀念他的活动中得到很大的激励。

召开座谈会、撰写文章、作诗作词、直到建造塑像，悼念活动步步展开，对每个人心灵的感化融于对邓稼先的纪念活动之中。

张爱萍将军是邓稼先的老领导，前后共事达20多年。第一颗原子弹爆炸试验时他们曾一起体验了同样的紧张和得到了同样的喜悦。张将军素有儒将之称。当他得知邓稼先逝世的消息

后,悲痛不能自已,陷入沉思,当日即书写悼词一首,忆及邓稼先的辛勤劳碌,崇高品质和杰出贡献。词的全文如下:

踏遍戈壁共草原,二十五年前。连克千重关,群力奋战君当先。捷音频年传。蔑视核讹诈,华夏创新篇。君视名利如粪土,许身国威壮河山。哀君早辞世,功勋泽人间。

事业之艰难,"连克千重关"。带好队伍担子之重,"群力奋战君当先",任务不断升级,"捷音频年传"。张将军的词大处落墨,字字千钧。"君视名利如粪土,许身国威壮河山",是概括邓稼先一生的点睛之笔。

与他共同奋斗多年的同事和亲密战友,挥泪写文章或做报告纪念他,如王淦昌、于敏、高潮、李英杰、胡仁宇等。胡思

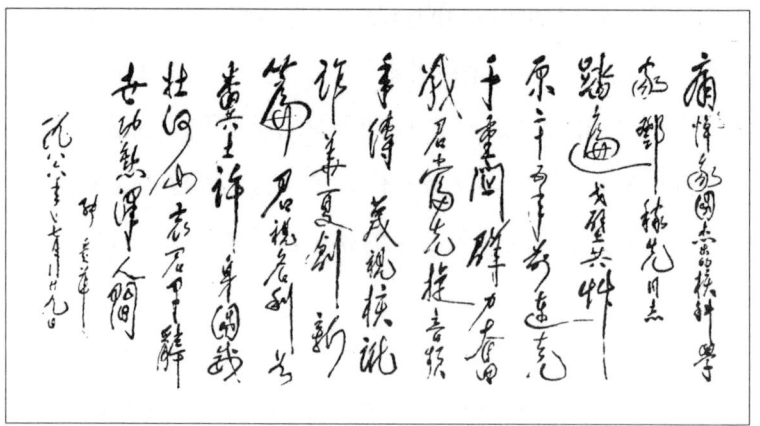

1986年7月29日,国防部部长张爱萍将军在邓稼先逝世当天,即书写悼词一首

得是在1958年来九院的28位大学毕业生之一，为邓稼先写了传记。邓稼先的老同事杜祥琬，从性格特征、群众的凝聚力等方面，讴歌了邓稼先一生奋斗无间歇，尽其所有做出了最大的牺牲，于平易诗句中见其真情真貌。诗文如下：

悼老邓：和平岁月未居安，一线奔波为核弹。健康生命全不顾，牛郎织女到终年。

酷爱生活似童顽，浩瀚胸怀比草原。手挽左右成集体，尊上爱下好中坚。

铸成大业入史册，深沉情爱留人间。世上之人谁无死，精忠报国重如山！

其中"牛郎织女到终年"是邓稼先、同时也是很多搞尖端武器的同志们所共有的一种牺牲。他们长年"踏遍戈壁共草原"，夫妻团聚的时间很少，邓稼先在28年中夫妻相聚能有几时？诗里还说到他正是因为"浩瀚胸怀比草原"才能做到"尊上爱下好中坚"。另外，有的诗描绘邓稼先为了核爆试验，由东到西一路奔忙的生动形象，"踏上梓潼九曲路，送出玉门万里关"，而这一切努力的结果则是"月宫无路终许上，昆仑有阶自可攀"。

许多诗词，表达了对邓稼先英年早逝的深深怀念，悲痛追思之情难以抑制。词意哀婉，反映了同志们与他的深厚情谊。与邓稼先共事多年的陈云尧，写了一首《长相思》，哭邓院长：

> 皖山青,蜀山青,依旧青山依旧情,故人还攀登?
> 愁萦萦,思萦萦,盼望君归终未成,诀别和雨声。

词中所蕴含的深邃而绵邈的情韵,堪称出自机杼,读来催人泪下。

哀悼中更多的毕竟还是对邓稼先的敬佩情意和对他人品和贡献的高度评价。如刘西尧和夫人陈景文在诗中说邓稼先"上云天兮而不骄"。诗的全文是:

> 入污泥兮而不染,上云天兮而不骄,鞠躬尽瘁兮为保祖国,大公无私兮学者楷模。

四川省人大常委会主任何郝炬在悼稼先同志一词中写道:

> 渊海若无物,平凡以近人,胸怀宏愿许人民。飞越长空天外,遄遄向征程。
> 求索十年久,风沙冬复春,功成两弹尽轰鸣。长叹英年早逝,千里放悲声。

词中的"平凡以近人、遄遄向征程、风沙冬复春"等句,可谓知之甚深也。

各处召开的座谈会及报纸杂志上的悼念文章难以统计。择

第十六章 不尽的思念

《北京周报》刊登悼念邓稼先文章

其要者有：BEIJING REVIEW（《北京周报》）在1986年8月11日出版的第29卷32期，以邓稼先的彩色照片和大号英文字CHINA'S FATHER OF THE A－BOMB为封面，并在"两弹元勋邓稼先"的文章之前加上编者按：

Because of what he saw as the humiliation China suffered at the hands of foreign aggressor, and because of his patriotic desire to build up China's defence capabilities, nuclear physicist Deng Jiaxian, 62, devoted his life to designing and building China's atom and hydrogen bombs. Great as his accomplish-ments were, it was only recently, a few months before his death on July 29th, that the cloud of secrecy surrounding Deng has been lifted and that he has begun to be publicly known as the "Father of China's A and H bombs".

此后不久,《半月谈》杂志社评邓稼先为1986年全国新闻人物。在1988年第2期的《高能物理》上,刊文《我国科技工作者的典范和骄傲——纪念两弹元勋邓稼先逝世二周年》和他的大幅照片。在1989年出版的《回顾与展望新中国的国防科技工业1949—1989》一书中刊有:邓稼先和同事们在核试验场区考察地形,邓稼先在首次核试验爆炸成功20周年纪念日与张爱萍将军等看望聂荣臻元帅,以及邓稼先等人在核武器研究院参观的照片。此书由邓小平题写书名,杨尚昆作序。国防科学技术工业委员会科学技术部主编的1990年由军事科学出版社出版的《中国军事百科全书核武器分册》,在人物项下,列入了邓稼先的主要事迹和照片。在《中国现代科学家传记》第一集中(科学出版社,1991年),编入了邓稼先的传记。在《中国大百科全书自动控制与系统工程卷》(中国大百科全书出版社,1991年)的第63页上,有《邓稼先》条目,由钱三强先生撰写。出版了两本他的传记,一本是:《两弹元勋邓稼先》(葛康同、邓仲先、邓槜先、许鹿希著,新华出版社,1992年)另一本是:《娃娃博士——中国原子弹氢弹元勋邓稼先》(郭兆甄、苏方学著,河南人民出版社,1993年)在1993年9月16—22日,北京图书馆举办了邓稼先的"中国现代科学家系列展览"。还有,邓稼先的传记载入了《中共党史人物传》第55卷

（中共党史人物研究会编，陕西人民出版社，1994年），并在《人民日报》刊有：此卷于1994年6月9日上午在人民大会堂举行首发式，书中人物的姓名等消息。

此外，还有其他的悼念活动。在1986年秋天，中央军委决定让八一电影制片厂军事片部摄制了《两弹元勋邓稼先》的纪录片，影片从众多的保密资料片中精选了可以公开，并与邓稼先的工作情况有关的材料和我国核弹试验成功的壮观景象。此片于1987年8月建军60周年时在全国的电影院中公开放映。同时，军事博物馆还举办了反映中国人民解放军的卓著功勋和建设成就的建军60周年展览。在核工业部分中，设有"两弹元勋邓稼先"专栏，并有邓稼先的半身塑像。当时任中央军委副主

1987年7月10日军事博物馆建军60周年展览。左起：余秋里、邓仲先、许鹿希、杨尚昆（时任中央军委副主席）、孙维昌、孙继成、邓志平

席杨尚昆、总政治部主任余秋里以及国防部部长张爱萍等多位领导同志观看展览时，特意与九院工作人员和邓稼先的亲属们在专栏和塑像前合影留念。

在1990年，国家教委发文向全国中小学生推荐《中外名人故事丛书》和《中外名人画像》，其中有邓稼先的故事和他的画像。

位于天安门广场的中国革命博物馆在1992年4月主办了"当代英模事迹展"，其中有：《两弹元勋邓稼先》的专栏和他用过的物品实物玻璃展柜。

1994年10月21日邓稼先铜像在他曾经工作过的地方四川绵阳落成，塑像建立在风景秀丽的人民公园中。国务委员宋健和四川省副省长李蒙为塑像揭幕。《四川日报》报道，邓稼先的铜制塑像高达4.5米，基底为不锈钢柱体。报道说："这是绵阳市委、政府和人民为长久地缅怀邓稼先同志的光辉业绩，激励科技工作者刻苦钻研、勇于攻关、多出成果，教育青少年热爱祖国、热爱科学，为早日实现社会主义现代化奋力拼搏而塑造和设立的。"报道还说："绵阳各界群众近千人参加揭幕仪式。"两年之后，《科技日报》1996年4月23日报道"两弹元勋邓稼先铜像日前在新落成启用的安庆市科技中心揭幕"。报道说："为他塑造铜像表达了家乡人民对他的崇敬与怀念。"

铜像落成以后，周围经常摆有一些鲜花。一看就知道，这些花多数并不是从花店买来的。它显然是普通老百姓自己采撷的山花。红的、黄的、白的花儿带着青枝、散发着野香，散落

第十六章　不尽的思念　205

1994年10月21日邓稼先铜像在四川绵阳落成，塑像建立在风景秀丽的人民公园中。铜制塑像高4.5米，基底为不锈钢柱体。绵阳各界群众近千人参加揭幕仪式

2013年摄于邓稼先塑像前
许鹿希（左）、彭继超（右）

地摆在那儿。花儿有时被一阵大风吹开了,不久又有新花放上去。邓稼先,你知道吗?后来,当地人不约而同形成一个习惯,谁家的孩子考上了大学,离家之前便由父母领着到邓稼先铜像前合影,作为一种标志,鼓励年轻人在学业上攀登高峰。

领导人的题词实际上是一种最简明、凝重的评价与怀念。

张爱萍同志题词:

1986年冬,国务委员、国防部长、中央军委副秘书长张爱萍将军为八一电影制片厂摄制纪录片题写的片名:《两弹元勋邓稼先》,建军60周年之际,此片在全国各地电影院上映

邓稼先两弹一星功勋奖章、证书

宋任穷同志题词：

> 知识分子的榜样
> 共产党员的模范
> 邓稼先同志一生为我国核工业的创建和发展作出特殊的贡献堪称两弹元勋书此以为纪念。
> 宋任穷一九八六年冬十二月

李鹏同志在1994年邓稼先荣获杰出科学家奖时题词："民族之光"。

邓稼先将自己的全部心血和聪明才智献给了祖国，做出了

2011年4月5日 中华世纪坛塑像揭幕

杰出的贡献，然后平静地逝去了。但是人民不会忘记他。中华民族的子孙后代将受到他的激励，直到永远。

1998年初，一百多位著名专家历时数月，从曾经为中国的文化、科技和教育做出杰出贡献和成就的人物当中遴选出40位代表人物，作为"中华文化名人"。按照出生时间排序，他们是管仲、老子、孔子、孙子、屈原、李冰、司马迁、张衡、蔡伦、王羲之、祖冲之、贾思勰、吴道子、李白、杜甫、司马光、毕昇、沈括、李清照、关汉卿、黄道婆、李时珍、朱载堉、徐霞客、曹雪芹、詹天佑、齐白石、蔡元培、鲁迅、马寅初、李四光、郭沫若、梅兰芳、徐悲鸿、茅盾、梁思成、林巧稚、冼星海、华罗庚、邓稼先。这40位文化先贤的塑像全部为立像，像高2米左右，用青铜铸造，塑像的作者均为我国著名的雕塑艺术家。邓稼先和其他39位文化先贤的塑像于2011年4月揭幕。塑像将长久地伫立于中华世纪坛三层的民族文化环廊之中。

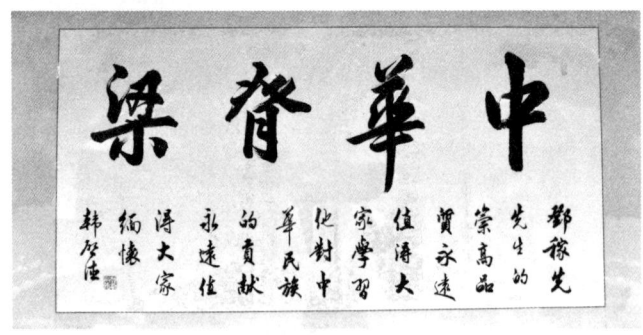

韩启德（全国政协副主席、中国科协主席、九三学社主席）在纪念邓稼先90诞辰时的题词

第十七章

一份建议影响深远

    1985年8月10日手术后，邓稼先考虑已久的一件事情渐渐变为一种沉甸甸的感觉压在自己的心头。术后第四天，他就用颤抖的手写条子要研究院从四川给他送材料和书籍来，要关于国外核武器进展的资料，还要一大堆英文、法文、德文、俄文的杂志。

    然而疾病和化疗损伤了他，术后他的身体太弱了。1985年一过，他感到时间紧迫，置一切于不顾，他利用1986年5月第三次手术前的两三个月时间，拼命做完这件事。他有时约同事们到医院来商量，亲友们在探视时遇到这种情况，便主动告辞了，病房立即变成了会议室。

    这件事就是向中央提出一份建议书。

这不是一般的建议书。它是有关在国际核竞赛中我国能否取得强国地位的一件大事，是涉及我国核武器事业战略决策的大事。它直接关系到我国的国际地位，关系到中华人民共和国在国际事务中的发言权，事情至关重大。

十年之后，原九院科技委主任、中科院院士于敏，邓稼先

邓稼先与胡思得的信件手迹

第十七章 一份建议影响深远

1996年7月22日 《光明日报·时代周刊》

的继任者、原九院院长、中科院院士胡仁宇和当时九院院长、中国工程院院士胡思得，联名在1996年7月22日的《光明日报》上发表了一篇文章，题目是：《十年，我们时刻怀念》，副标题是《纪念邓稼先院士逝世十周年》。文章极其简明扼要地提到了这份建议书的内容、作用及其深远的意义。

胡思得等三位同志的文章说："十年前，已身患重病的稼先以他高度的政治敏锐性和深厚的业务功底，通过对核大国当时发展水平和军控动向的深刻分析，认为核大国设计技术水平已经接近理论极限，不需要进行更多的发展。因此有可能出于政治上的需要，改变它们先前坚持的主张，做出目的在于限制别人发展、维持其优势地位的决策。"文章接着说："核大国这种举动，对他们自己已不会有什么重要影响，而对于正处在发展关键阶段的我国，则会带来非常严重的后果。"

自从1945年美国进行了世界上首次核试验后，苏联和英国也分别在1949年和1952年进行了各自的首次核试验，当时，美、苏、英在世界上处于核垄断的地位。核武器的极大破坏性震惊了国际社会，许多国家发出了禁止核试验的呼声。直到美、苏、英在基本掌握大气层核爆炸的效应数据和完善了他们的地下核试验技术后，三国才于1963年签订了部分核禁试条约。

到了20世纪80年代，情况发生了根本性的变化，这就是于敏等三同志文章中所说的："核大国设计技术的水平已经接近理论极限。"现在他们已经可以达到实验室模拟，以取代实际的爆破试验。也就是说，再不用到空中、地下去搞核爆炸，只用计算机就能得到通过爆炸试验所需要得到的一切。核爆炸试验对于它们三国来说已经可以存放到保险柜中了。

核大国到了这个水平，它们就想用禁止别人做核试验的办法来保持自己的核强国地位。

这一严峻的事实便是邓稼先向中央提建议书的由来。于敏等三同志的文章说："十年之前，我们的事业正处于十分关键、十分敏感的发展阶段，如果一旦受到干扰和迟滞，就会丧失时机，产生稼先所指出的'多年努力，将功亏一篑'的严重后果，将对国家造成不可弥补的巨大损失。""严峻的形势，使邓稼先万分焦急。他不顾重病缠身，亲自组织研究讨论，起草给中央的报告,申述意见和建议。"

于敏等同志的文章谈到了这份建议书具有超常价值的地方。文章说建议书"提出了争取时机,加快步伐的战略建议以及需要集中力量攻克的主要目标,并且非常详细地列出达到这些目标的具体途径和措施。这是一份凝聚着稼先和他的同事们的心血和爱国热情、又十分客观、科学的建议书"。

主要目标、具体途径、措施,而且是"非常详细地列出",文章实际上点出了这一份材料并不只是一般的建议书,实际上相当于一份具体的实施计划。一份在此后若干年内我国为追赶世界核大国的核武器地位的可行的实施计划。

文章说建议书"十分客观、科学",文章写道:"稼先去世后,他的继任者们,始终是围绕着这份建议书的精神在贯彻、执行。""这十年来他生前非常关心并注入巨大心血的几项重大科学难题与技术关键,正按照预定的目标实现突破和发展,在为我国国防现代化建设服务。"文章还说:"十年来的形势变化,完全证明了建议书的正确性。"

我们曾经看到,在人类历史上,当一个人已经不在世的时候,他的智慧仍然指导着他所从事的事业继续前进的事实。伟大的思想家、科学家,他们所发现的理论,所创立的学说,通常是长久地指导后继者解决科学难题,推进科学的发展。牛顿定律、爱因斯坦的相对论,都是这种典型的例子。

"指导"必然包含着"预见"。科学理论对后世的指导,它的预见性就存在于原理之中。而对科技试验的指导,则需要对各门知识交错的复杂科技专题做具体的预测。这种事情本身就是十分困难的。更不用说像"建议书"这样，面对的是核武器试验那种高科技，要求不止于一次试验两次试验，而是对实际上干了十年这样一个宏伟目标的实现——做出具体安排。能有这种预见性，至少对核物理理论及相关学科理论要有深厚的修养，同时还要有渊博的知识、敏锐的观察力和深刻的分析能力，以及核武器理论设计的丰富经验，此外，还必须善于集中群众的智慧。其难度可想而知。

对核武器试验订出长达十年的高目标计划，同时在实现途径和措施上做出非常详细的安排，并被实践证明完全正确。这样一种预见性应该说在科技史上是罕见的。

提"建议书"这样的大事难事，竟是邓稼先在重病晚期的病痛折磨下做成的。于敏等三同志在文章中回忆："使我们永远不会忘怀的是：在起草这份重要报告时，稼先已经知道癌症恶魔缠身，自己就要走到生命的尽头了。那些日子，他几乎是和生命赛跑，他以高度的责任感和事业心，以超人的顽强意志在病榻上思索、工作。他忍着化疗带来的痛苦，艰难地对报告做一字一句地推敲、修改；抢在大手术之前，还满满地写了两页纸，提出了报告的内容还要做哪些调整。最后如何润笔，报告应送哪里等意见。"

下面是邓稼先1986年3月28日在301医院南楼五病房16室写给胡思得同志的便信。

老胡：

　　我明天还要动一次小手术，来文我看了两遍，我觉得可以了。但最后一段要同星球大战，如激光，FEL，Excimer，电磁轨道等"高技术"（现在国内新用的专门名词）联系起来、申述一段，然后由我和老于签名，抬头是核工业部，国防科工委（抄九院）。

　　　　　　　　　　　　　　　　　　　　　　老邓

　　　　　　　　　　　　　　　　　　　　　3月28日

　　这张条子，是邓稼先坐在橡皮圈上（以减缓压力带来的痛苦）用铅笔写成的。（因为手腕无力，用铅笔写字可以较轻巧地在纸上滑行）。当时天气虽然不热，在写东西的时候邓稼先仍然需要妻子在身边不停地为他擦着虚汗（条子中的FEL是自由电子激光Free Electron Laser的缩写，而Excimer是准分子激光）。

　　"建议书"终于完成了。他让许鹿希快点送走，在她抱着这份材料走出病房前，他叫住了妻子，只说了一句话："这比你的生命还重要。"

　　的确是这样。"建议书"对我国自1986年到1996年十年的核武器试验起到了十分重要的指导作用。在胡思得等三人的文章中还写道：十年来，我院在自由电子激光、激光惯性约束聚变研究等方面都取得了可喜的进展和成果。这里，我们先通俗地说一下什么是"激光惯性约束聚变"和它有什么用处。聚变，是指原子核的聚变反应，也叫热核反应。氢弹就是热核反应，太阳里面也是。在地球上要想产生热核反应的话，一是需要有很高的温度，二是需要有很高的密度，三是需要把高温高密的状态维持一定长的时间。这个"维持一定长的时间"就是惯性约束。我们可以使用激光做能源，打在某种特别的物质上，这种物质就会向里收缩，而收缩的过程即是惯性。在温度很高了以后，这种物质又会向外膨胀，它也是惯性。换言之，利用收缩膨胀来维持所需要的时间，以获得热核反应。目前国外先进的核武器研究室都已经在这样做，模拟核武器里面的一些物理过程，如高温高压高密度状态下的核聚变反应的情况。它的另外一个目的是民用，就是聚变发电，或者叫作激光惯性约束聚变发电。因为地球上十分之七是海洋，而海水中的氘（即重氢）很多，如果在激光惯性约束下使氘与氘产生核聚变反应的话，那么，人类就可以得到取之不尽的电能，而且是非常干净的能源。人们预言：在聪明的科学家们的努力下，人类将于21世纪中叶达到此目的。

另一项是自由电子激光（FEL），九院在这方面也取得了可喜的进展和成果，它有什么意义呢？原来它是自1976年开始出现以来，国际上最引人注目的研究项目之一。在国防建设和民用经济发展两方面都有广阔的前途。美国等一些主要的核武器研究所，分别从短波长、低功率和长波长、高功率两种不同技术途径进行研究，已取得了某些突破。估计未来将在光化学、同位素分离、固体物理、材料科学、雷达与通信、工业焊接以及医疗仪器等方面都可使用。

于敏等三同志的文章满怀深情地回忆:"每当我们在既定目标下,越过核大国布下的障碍,夺得一个又一个的胜利时,无不从心底钦佩稼先的卓越远见。"

因此,当时的组织领导者,特意选定邓稼先逝世的日子,于十年后的这一天,即1996年7月29日进行我国在核禁试前的最后一次核爆试验,以此使人们永远铭记邓稼先对我国核武器研制事业所做出的不可磨灭的贡献。

这一次核爆试验成功的当天,我国政府立即发表声明。报纸上的标题是:《中华人民共和国政府声明》。《声明》说:

> 1996年7月29日中国成功地进行了一次核试验。中华人民共和国郑重宣布,从1996年7月30日起,中国开始暂停核试验。

邓稼先以他对祖国的无限忠诚,强烈的民族责任感、无私的奉献精神和深厚的科学造诣,继原子弹、氢弹、第二代核武器之后,建造了他在事业上的第四座里程碑。

邓稼先从1958年到1986年为我国核武器研制奋勇拼搏了28年,而在1986年他辞世后,又以远见卓识的"建议书"为后十年的核武器试验继续做出了巨大贡献。在中国政府从1958年起决定自己动手,从头摸起,研制中华民族自己的"争气弹",到1996年我国政府关于暂停核试验声明的38年共45次核爆炸试

1996年中华人民共和国政府声明：暂停核试验。7月30日《中国青年报》在头版转载此声明

验的全部过程中，次次都凝聚着邓稼先的心血，虽然后十年他已不在人世，但他们的一份建议书，使中华民族在核武器方面继续辉煌十年。终于与其他核大国一样，跨过了原子弹、氢弹、中子弹、核禁试四个里程碑，进入了在实验室模拟的自由天地。16年后，2012年7月22日，人们惊喜地从新闻报道中得知，哈罗铁路全线铺通！铁路起自哈密市，途经哈密工业园区、大南湖煤田、罗布泊的钾肥矿区等处，到达罗布泊镇。罗布泊位于新疆塔里木盆地的最低处，海拔约780米。蒙古语罗布泊即多条水流汇入的湖泊，古称盐泽，是一片早已干涸的咸水湖，曾被称为"无人区"、"死亡之海"。自1964年10月16日起，我国第一颗原子弹爆炸成功以后的30多年来，这里也

是我国的核爆试验现场，它先后见证了45次动人心魄的核爆炸试验。这条铁路将满足大量的货物运送需求，为新疆人民带来财富和幸福。在罗布泊宁静了16年之后，哈罗铁路建成通车，最有力地显示了达到那个高度（核禁试）的价值。纵观四个里程碑的全过程，可以告慰于祖国和人民的是，邓稼先，他与此全过程共始终。正是因为邓稼先把自己的生命融入了使中华民族强盛的事业之中，因此，他的挚友杨振宁把他引为：永恒的骄傲。

附　录

邓稼先年表

◆　1924年

6月25日（农历五月十九），邓稼先出生于安徽省怀宁县城外的邓家大屋，也叫铁砚山房的祖居内。父亲邓以蛰当时是北京大学教授，母亲王淑蠲女士，操持家务。邓稼先出生8个月以后，随母亲和两个姐姐来到北京。

邓家的祖上原住在江西省，明代，朝廷安排大批人口南迁，在邓君瑞带领下，在距今约六百多年前时，举家迁至安徽定居。清代大书法家邓石如（1743—1805）是邓稼先的六世祖。

◆　1929年　5岁

入武定侯小学，读至三年级。

◆ 1932年　8岁

入北平四存小学四年级，读至毕业。

◆ 1935年　11岁

入北平志成中学，读初中一年级。

◆ 1936年　12岁

插班考入北平崇德中学初中二年级，读到高一（因抗日战争，崇德中学在1939年停办）。这三年，他在英文、数学、物理方面打下了良好的基础。在崇德中学，杨振宁比他高两班，两人成为好友。

1937年7月7日，卢沟桥事变，抗日战争爆发。清华大学和北京大学都搬迁到云南昆明。邓稼先因父亲患重病，全家滞留沦陷后的北平。没有了父亲的薪水，家庭生活一落千丈。

◆ 1939年　15岁

9月，再入北平志成中学，读高中二年级。对日寇的欺压愤恨反抗。为避迫害，没读完高二，于1940年5月出走。途经上海、香港、越南的海防、老街，到达昆明。

◆ 1940年　16岁

自7月至9月，在昆明升学补习班学习。10月到四川江津国立第九中学，读高中三年级至1941年7月毕业。在1941年夏去重庆考大学的途中，走在长江边上时，正遇日军飞机狂轰滥炸，百姓伤亡惨重，邓稼先也险遭不测。

◆ 1941年　17岁

入国立西南联合大学物理系，学号A4795。由北京大学、清华大学、南开大学三校合并而成的西南联大，是抗日战争时期我国的最高学府。邓稼先在此学习四年，终身受益。杨振宁也在联大读物理系及研究生，比他高三班，两人相交甚厚。在西南联大，生活十分困苦，又常躲轰炸，但因名教授多，并且是反对内战、呼吁和平的民主爱国学生运动的基地之一。邓稼先经好友杨德新同学介绍加入了"民青"（它是共产党的外围组织），积极参加学生运动。1945年夏，邓稼先大学毕业，正当抗日战争胜利日本投降之时。

◆ **1945年　21岁**

在昆明培文中学、文正中学任数学教员各半年。

◆ **1946年　22岁**

回到北平，任北京大学物理系助教（自1946年6月到1948年7月），同时在北京大学讲助会义务工作，积极参加了解放战争时期的北平学生运动。在1947年，他顺利地通过了赴美研究生考试。1946年，许鹿希考入北京大学，在上一年级物理课时，邓稼先是助教，两人初识，彼此留下良好印象。

◆ **1948年　24岁**

在美国普渡大学（Purdue University）物理系读研究生。他的博士论文题目为《氘核的光致蜕变》（*The photo—disintegration of the deuteron*）。经过近两年的努力，自1948年10月至1950年8月，邓稼先读满学分，完成了学位论文，并于1950年8月20日获得博士学位。9天后，即1950年8月29日，他登上了威尔逊总统号轮船回国。

◆ 1950年　26岁

在中国科学院近代物理研究所（后改名为原子能研究所）工作了8年（自1950年10月至1958年8月）。先做助理研究员约两年，随后提升为副研究员。当时原子核物理研究在中国还是一块空白，他与同事们一起，为我国核理论研究做了开创性的工作。发表了数篇科研论文。1951年加入九三学社。1956年4月加入中国共产党。自1954年到1958年兼任中国科学院数理化学部的副学术秘书。在1953年与许鹿希结婚，1954年女儿典典出生，1956年儿子平平出世。

◆ 1958年　34岁

8月，调到第二机械工业部第九研究院任理论部主任。当时担任原子能研究所所长和二机部副部长的钱三强先生对邓稼先说，国家要放一个"大炮仗"，要调他去做这项工作。邓稼先立刻明白这是调自己去造原子弹。那一夜，邓稼先夫妻彻夜未眠，他对妻子说："我要调动工作了。我的生命就献给未来的工作了。做好了这件事，我这一生就过得很有意义，就是为它死了也值得。"自此，邓稼先在九院工作了28年，直到生命之火熄灭。从1958年8月至1971年4月，任九院理论部主任；从1971年4月至1972年11月任九院的901所副所长；从1972年11月至1980年1月，任第九研究院副院长；从1980年1月至1986年7月，任第九研究院院长。

其间，邓稼先于1980年11月当选为中国科学院的物理学数学部学部委员（院士），1982年被任命为核工业部科学技术委员会副主任，1986年被任命为国防科学工业委员会的科学技术委员会副主任。在1982年中国共产党的第十二次全国代表大会上，当选为中央委员会委员。

◆ **1959年　35岁**

周恩来总理传达中央决策："自己动手，从头摸起，准备用8年时间搞出原子弹。"中国的第一颗原子弹的代号为596。

邓稼先选定了：中子物理、流体力学和高温高压下的物质性质这三个方面作为研制我国第一颗原子弹的主攻方向。选对了主攻方向，是邓稼先为我国原子弹理论设计工作做出的最重要贡献。按照这个主攻方向，邓稼先将调来理论部的大学毕业生们分成了中子物理、流体力学和状态方程三个组开展工作。事实证明，主攻方向选得正确，是以后研制工作顺利进行的重要保证。当时我国的大学中还没有设置核物理专业，优秀的毕业生来自数学、物理、冶金、建筑、外文等各方面，先得有一个读书补课的阶段。邓稼先亲自讲课，组织讨论，形成学术民主风气。除了全面掌握三个组外，邓稼先亲自参与状态方程组，在国外极端保密、国内没有任何实验条件下，和年轻人一起推算出高温高压下核材料的状态方程式，是邓稼先在原子弹攻关过程中科研上的重大贡献之一。为了获得一个关键数据，他们曾在计算机上反复算了9遍，每一遍有几万个网点，每个网点要解五六个方程式，算完了的计算机打孔纸带子用麻包装着从地面堆到了房顶，终于得到正确的结果。就是这样地苦干了约三年，终于拿出了原子弹的理论设计方案。多年后，在邓稼先领导下，总结了上百位科学家的成果，写了一部巨著《我国第一颗原子弹理论研究总结》（因绝密，不能发表）。

◆ 1962年　38岁

9月11日，经罗瑞卿审定，二机部向中央打了一个"两年规划"的报告，此报告提出争取在1964年，最迟在1965年上半年爆炸我国的第一颗原子弹。二机部敢于立此军令状，就是因为邓稼先和他的同事们已经拿出了原子弹的设计方案。毛泽东主席于1962年11月3日亲笔批示："很好，照办。要大力协同做好这件工作。"刘少奇主持召开中央政治局会议，指出：即使1965年搞出原子弹来也是好的。并决定成立中央15人专门委员会，周恩来总理为主任。

◆ 1963年　39岁

聂荣臻元帅在1963年9月下达命令，让邓稼先领导的九院理论部中研制原子弹的全班人马，转去承担中国第一颗氢弹的理论设计任务。因之，中国的第一颗氢弹的代号为639。

◆ 1964年　40岁

10月16日15时，中国的第一颗原子弹爆炸成功。它是一颗用核材料铀235制成的原子弹，采取内爆式，托在120米高的铁塔上，进行地面塔爆。其威力相当于2万吨TNT炸药（我国第一颗原子弹的代号为：596）。多年后，即1985年，因："原子弹的突破和武器化"邓稼先获得国家科学技术进步奖特等奖（证书号：85-KG2-T-004-2）。研制成功原子弹，是邓稼先人生旅途上的第一个里程碑。

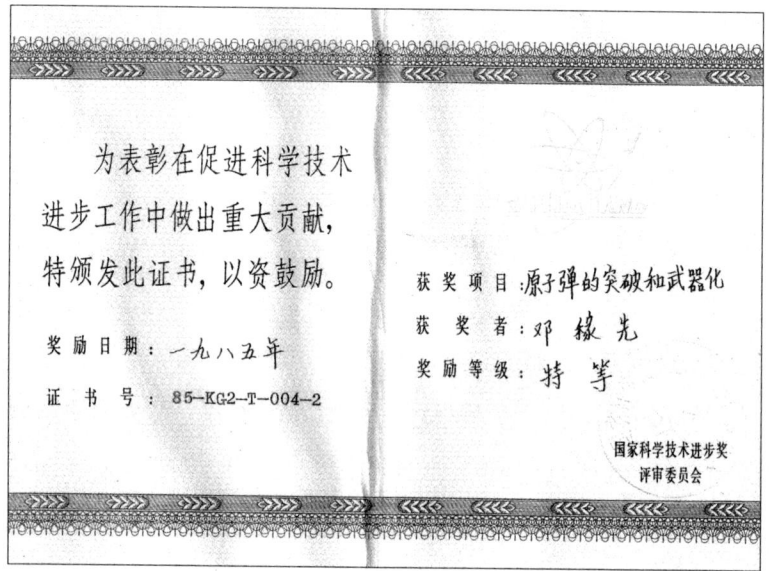

◆ 1965年　41岁

邓稼先领导理论部的科学家们夜以继日地探索氢弹理论设计方案。提出了多种想法，由邓稼先主持选定技术途径，并分头上计算机去实际运算研制氢弹的可能途径。于敏副主任和几个青年科研人员在上海见到了一束智慧之光，邓稼先带人立即从青海飞抵上海，在计算机房和他们一起不分昼夜地又干了一阵子，终于形成了一个有充分论证根据的氢弹理论设计方案。后来，此方案被外国人称之为研制氢弹的"邓—于理论方案"。

5月14日，中国进行了第二次核试验，用飞机空投一颗原子弹，在预定高度爆炸，威力相当于2万吨—4万吨TNT炸药，核爆试研结果与理论设计基本一致。

◆ 1966年　42岁

1966年我国共做了三次核爆试验。其中，5月9日的核试验使用内活化指示剂方法测量14兆电子伏中子总数，搞到了热核材料聚变当量的数据。此核弹在铀235核裂变材料中加入了氘化锂-6热核材料。核爆试验结果表明，核反应过程与理论预计基本一致。这次核爆试验为氢弹设计提供了重要的实测数据。

10月27日，原子弹与导弹对接在一起，自我国的山城子发射，飞行约1000公里后，到达罗布泊上空的预定高度处，原子弹爆炸试验取得了圆满成功（导弹核武器对接的核爆炸试验）。

12月28日，突破氢弹原理的核爆试验成功。在我国的核武器研制史上，它是一次极为重要的核试验。用地面塔爆方式，裂变核材料是铀235，热核材料为氘化锂-6，其爆炸威力相当于30万吨—50万吨普通的TNT炸药。此次试验成功证明了研制氢弹的"邓—于理论方案"是正确的，解决了自持热核反应、利用原子弹来引爆氢弹、放出巨大能量等一系列要素。为半年后我国第一颗氢弹的成功奠定了基础。

◆ 1967年　43岁

6月17日，中国的第一颗氢弹爆炸试验成功。它的代号是639。这颗氢弹用飞机空投，其爆炸威力约相当于300万吨的普通TNT炸药。使用了铀235、铀238、重氢、锂-6等核材料，采用了裂变—聚变—裂变型方式（Fission—fusion—fission type）。

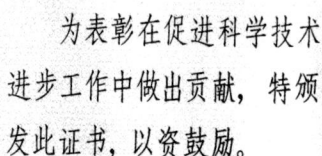

从1964年10月16日第一颗原子弹成功，到1967年6月17日第一颗氢弹成功，我国只用了两年零八个月的时间，比起其他核大国来，速度是最快的。

12月24日，以飞机空投一个小的氢弹，试验成功。

多年后，即1985年，邓稼先因"氢弹的突破及武器化"获得国家科学技术进步奖特等奖（证书号：85G-KG2-T005-2）。

研制成功氢弹，是邓稼先人生旅途上的第二个里程碑。

◆ 1968年　44岁

12月27日，用飞机空投一颗氢弹的核爆试验成功。其威力约等于300万吨普通TNT炸药。可用飞机空投氢弹，其意义表明它已成为武器。

◆ 1969年　45岁

本年内进行了两次核试验。

9月23日，首次地下核试验成功，爆炸了一颗原子弹，其威力相当于2万吨—2.5万吨普通TNT炸药。

9月29日，用飞机空投一颗氢弹成功，其威力约相当于300万吨的TNT炸药。

◆ 1970年　46岁

10月14日，飞机空投氢弹成功，当量为300万吨。

◆ 1971年　47岁

这时，"文化大革命"的恶风已侵袭九院，许多立过大功的科学家蒙冤被整，邓稼先和于敏、胡思得等人也被集中到青海221基地去遭受批斗，情况万分紧急。正在此时，杨振宁先生自美国经巴黎飞抵上海，首次回大陆探亲访问（当时中美两国尚未建立外交关系）。他开列了在北京要见的人员名单，第一个人就是邓稼先。周恩来总理批示要邓稼先回京会见，救出了邓稼先，也解救了一批中国宝贵的科学家，221基地里暗无天日的情形自此也结束了。

依照周恩来总理的指示，邓稼先连夜写信告诉杨振宁："中国的原子弹氢弹全部都是由中国人自己研制成的，没有一个外国人参加。"此信派专人乘民航班机送到上海，在8月16日饯行的晚宴上送到杨振宁手中。

11月18日，中国又成功地爆炸了一颗原子弹。

◆ 1972年　48岁

本年内成功地进行了两次核试验。

1月7日，用飞机空投了一颗原子弹，其威力小于2万吨TNT炸药。

3月18日，用飞机空投爆炸了一个核装置，可能是一种热核弹头的引爆装置。其当量为10万吨—20万吨。多年后，即1987年7月，邓稼先因此而获得国家科学技术进步奖特等奖，获奖项目为：×××弹装置的突破，证书号为：87-KG2-T-02-01（注：因保密，只好用×××代替汉字）。此特等奖在邓稼先逝世后一年发下。

◆ 1973年　49岁

6月27日，用飞机空投一颗氢弹成功，其当量大于200万吨TNT炸药。

◆ 1974年　50岁

6月17日，成功地在大气层放了一颗氢弹，其爆炸威力接近100万吨TNT炸药。

◆ 1975年　51岁

10月27日，进行了一次地下核试验，爆炸一个原子弹，其当量小于1万吨TNT炸药。

◆ 1976年　52岁

本年内成功地进行了4次核试验。

1月23日，在大气层爆炸了一颗原子弹，当量小于2万吨TNT炸药。

9月26日，在大气层爆炸了一个核装置，当量为20万吨TNT炸药。

10月17日，进行了一次地下核试验，爆炸一颗原子弹，当量为1万吨—2万吨TNT炸药。

11月17日，飞机空投一颗氢弹，其当量为400万吨TNT炸药，是中国至今当量最大的一次。《人民日报》等各大报都在一版以通栏标题报道：《中国进行了新的氢弹试验》。

◆ 1977年　53岁

9月17日，在大气层爆炸了一颗原子弹，当量小于2万吨。

◆ 1978年　54岁

这一年共进行了3次核试验，在核武器的小型化上取得经验。

3月15日，在大气层爆炸了一颗原子弹，其威力远小于2万吨，也许只有6000吨TNT炸药的爆炸威力。

10月14日，地下核试验，爆炸了一颗原子弹，当量小于2万吨。

12月14日，在大气层爆炸了一颗原子弹，其威力小于2万吨。

◆ 1979年　55岁

深受"文革"破坏的军事工业，在这一年体现了出来。一次飞机空投后降落伞没有打开，核弹从高空直接摔到了地上，距离预定的爆心很远。一百多名防化兵到现场去找，没有找到核弹的痕迹。邓稼先亲自去找，他找到了，用手捧起了碎弹片，并向领导说："平安无事。"但是邓稼先本人却受到了放射性物质的严重损害，这对他的健康和寿命给了无情的狠命一击。

9月13日，中国成功地进行了一次核试验。

◆ 1980年　56岁

10月16日，核试验成功。在排除了核试验前临时出现的问题，核爆试验成功后，邓稼先的精神松弛下来。他突然昏厥，脉搏微弱，血压低到测不出数据。医生护士抢救了一整夜才苏醒过来。

◆ 1982年　58岁

10月5日，地下核试验成功。

◆ 1983年　59岁

本年进行了两次地下核试验，均获成功。时间分别是5月4日和10月6日。

◆ 1984年　60岁

10月3日和12月9日，各进行了一次地下核试验，取得了突破性的成功。邓稼先高兴地写下诗作："红云冲天照九霄，千钧核力动地摇。二十年来勇攀后，二代轻舟已过桥。"此时他的身体状况已很差，但仍坚持工作。五年后，邓稼先因"核武器的重大突破"而获得国家科学技术进步奖特等奖，证书号为：89-KG2-T-01-02，这时已是1989年，他已逝世三年了。突破第二代核武器（中子弹），是邓稼先人生旅途上的第三个里程碑。

◆ 1985年　61岁

邓稼先因患直肠癌于1985年7月30日住院，在8月10日做了

清扫癌瘤手术。病理检查是恶性程度高的类型,已有转移,预后不良。

邓稼先知道自己将不久于人世,面对着当时的国际局势和核大国对我国的压力,他急于把今后中国在国防上特别是核武器方面的对策写出留下来。他看到三个核大国的设计技术水平已接近理论极限,达到了实验室模拟的地步,并想用核禁试来封住别国,保住自己核强国地位的局面,我们中国的核事业正处于十分关键和敏感的发展阶段。

邓稼先忍住病痛,在病房里和九院的同事们反复商量并拟定给中央的建议书。建议书中非常详细地列出了我国今后的主要目标、具体途径和措施。由邓稼先作为第一作者署名。

◆ 1986年　62岁

4月2日，由邓稼先和于敏署名，饱含着九院多位科学家心血的建议书完成，上交中央。

此后，按照这份建议书制定的目标、途径和措施，九院继任院长们带领全体同志努力干了十年，终于使我国也达到了能够停止核爆试验，代之以实验室模拟的高度。

写出上交中央的建议书，使我国能达到停爆搞模拟，是邓稼先人生旅途上的第四个里程碑。

6月，医院发出邓稼先病危报告。中央军委指示对邓稼先解密。自6月23日起，《解放军报》《人民日报》《光明日报》《瞭望》周刊等，都以《两弹元勋邓稼先》为标题，在显著的版面上报道了他默默无闻奋斗了28年的事迹。

7月15日，万里代总理到病房看望邓稼先并通知授予他全国劳动模范称号。两天后，即7月17日，李鹏副总理来到病房授此称号的证书及奖牌。

7月29日，邓稼先逝世，享年62岁。

8月3日在北京八宝山开了追悼会。张爱萍将军致悼词。

1996年7月29日，即邓稼先逝世十周年的日子，中国成功地进行了她最后的一次核爆试验，并立即在各大报上发表中华人民共和国声明，从1996年7月30日起，开始暂停核试验。

从这一份年表中我们可以看出，邓稼先在他的一生中，以原子弹、氢弹、中子弹、暂停模拟四个里程碑的贡献，向中华民族、向祖国献上了他的忠心。

（注：在年表中所列举的各次核爆试验，引自两本书，一本是：《当代中国的核工业》，统一书号：17190.116。另一本是：Lewis, J.W.& Xue L.T. *China Builds the Bomb*, ISBN 0804714525。）